学ぶ人は、
変えて
ゆく人だ。

目の前にある問題はもちろん、

人生の問いや、社会の課題を自ら見つけ、

挑み続けるために、人は学ぶ。

「学び」で、少しずつ世界は変えてゆける。

いつでも、どこでも、誰でも、

学ぶことができる世の中へ。

旺文社

小学校の英語の **だいじなところ** が **しっかりわかる** ドリル

旺文社

もくじ

音声の聞き方

🔊 **01** このマークがついたリスニング問題の音声を，無料でご利用いただけます。

PCで聞く方法

下のサイトにアクセス，または右の二次元コードからアクセス
https://service.obunsha.co.jp/tokuten/daiji/

注意 ●スマートフォンやタブレットでは音声をダウンロードできません。●音声ファイルは MP3 形式です。ZIP 形式で圧縮されていますので，解凍（展開）して，MP3 を再生できるデジタルオーディオプレーヤーなどでご活用ください。解凍（展開）せずに利用されると，ご使用の機器やソフトウェアにファイルが認識されないことがあります。デジタルオーディオプレーヤーなどの機器への音声ファイルの転送方法は，各製品の取り扱い説明書などをご覧ください。●ご使用機器，音声再生ソフトなどに関する技術的なご質問は，ハードメーカーもしくはソフトメーカーにお問い合わせください。●音声を再生する際の通信料にご注意ください。●本サービスは予告なく終了することがあります。

スマートフォン・タブレットで聞く方法

1 各単元にある二次元コードからアクセス

2 旺文社リスニングアプリ「英語の友」で検索するか，右の二次元コードからアクセスして，公式サイトよりアプリ（iOS／Android対応）をインストールし，本書を選択して，「追加」ボタンをタップ

注意 ●本アプリの機能の一部は有料ですが，本書の音声は無料でお聞きいただけます。●アプリの詳しいご利用方法は「英語の友」公式サイト，あるいはアプリ内のヘルプをご参照ください。●本サービスは予告なく終了することがあります。

編集協力：有限会社マイプラン　装丁イラスト：日暮真理絵　デザイン：小川 純（オガワデザイン），福田敬子（ボンフエゴ デザイン）
校正：高倉恵美，教賀亜希子，関有希子，合同会社ア・プリオリ，Jason A. Chau　録音：ユニバ合同会社
ナレーター：Jenny Skidmore，Ryan Drees

本書の特長と使い方

要点まとめ 図やイラストでイメージしながらまるごと復習!

重要!

重要マークがあるところは中学の学習でも出てくる内容です。演習もあるので取り組んでみましょう。

ここをしっかり!

いまのうちにしっかり理解して、覚えておきたい内容をまとめています。よく読んでおきましょう。

中学ではどうなる?

小学校で学習した内容が、中学でどう発展していくのかを紹介しています。

問題を解いてみよう! 重要マークがある単元は、演習問題でしっかり定着!

本書は，小学校の内容をまるごと復習し，
さらに中学の学習にもつながる重要なところは問題演習まで行うことで，
中学の学習にスムーズに入っていけるよう，工夫されたドリルです。

完成テスト　完成テストで定着度とのびしろを確認！

とりはずせる

別冊 解答解説

「要点まとめ」の穴うめ問題の答えと，「問題を解いてみよう！」「完成テスト」の答えと解説は別冊にのっています。答え合わせまでしっかりやりましょう。

完成テストに取り組み，答え合わせができたら，別冊 p.24 の，「のびしろチャート」を完成させましょう。

のびしろチャート

小学校の学習内容

※赤字の部分は『＼重要！／』のページです。

主な教科書の中学1年生の学習内容

● be動詞 — 主語によって be 動詞(am, are, is など)を使い分けるよ。否定文は be 動詞のあとに not をつけるよ。疑問文は主語の前に be 動詞を置くよ。

● 一般動詞 — 中学校では play, like, have 以外のたくさんの一般動詞を習うよ。否定文は一般動詞の前に do not[don't]を置き, 疑問文は主語の前に Do を置くよ。

● can — 動詞の前に can を置いて「〜できる」を表すよ。否定文は can't[cannot]で「〜できない」の意味だよ。疑問文は主語の前に Can を置くよ。

● This[That] is 〜. — This is 〜. は近くにあるもの, That is 〜. は離れた場所にあるものを説明するよ。否定文は is のあとに not をつける。疑問文は this や that の前に Is を置くよ。

● 疑問詞 — 疑問詞 Where, Who, What, When, How, Which, Whose などを使って場所や人などをたずねるよ。

● 命令文 — 命令文「〜しなさい」は動詞の原形で文をはじめるよ。

● like[enjoy] 〜ing, be good at 〜ing — 動詞に ing をつけると「〜すること」という意味を表すよ。

● 一般動詞 (三人称・単数・現在) — 主語が三人称・単数で現在の文では, 一般動詞の最後に(e)s をつけるよ。否定文は一般動詞の原形の前に does not[doesn't]を置き, 疑問文は主語の前に Does を置くよ。

● 代名詞 — 代名詞は he, she, it などで, 文の中での役割によって形が異なるよ。

● 現在進行形 — 〈be 動詞(現在形)+ 〜 ing〉で「(今)〜している」を表すよ。否定文は be 動詞のあとに not を置き, 疑問文は主語の前に be 動詞を置くよ。

● 感嘆文 — How や What を使って「なんて〜だろう!」という感動やおどろきの気持ちを表すよ。

● want to 〜 — 〈want to +動詞の原形〉で「〜したい」という意味だよ。

● look＋形容詞 — 「〜のように見える」と様子を表すよ。

● 一般動詞の過去形 — 一般動詞の過去形は, 最後に(e)d をつける動詞と, 形が大きく変化する動詞があるよ。否定文は一般動詞の原形の前に did not[didn't]を置き, 疑問文は主語の前に Did を置くよ。

● be動詞の過去形 — 主語によって was, were を使い分けるよ。否定文は be 動詞のあとに not を置くよ。疑問文は主語の前に Was[Were]を置くよ。

● There is[are] 〜. — 「〜にある[いる]」を表すよ。否定文は be 動詞のあとに not を置くよ。疑問文は there の前に be 動詞を置くよ。

● 過去進行形 — 〈be 動詞(過去形)+ 〜 ing〉で「(過去に)〜していた」を表すよ。否定文は be 動詞のあとに not を置くよ。疑問文は主語の前に be 動詞を置くよ。

● will — 動詞の原形の前に will を置いて, 未来のことを表すよ。否定文は will のあとに not を置くよ。疑問文は主語の前に Will を置くよ。

● be going to 〜 — 予定している未来のことを表すよ。否定文は be 動詞のあとに not を置くよ。疑問文は主語の前に be 動詞を置くよ。

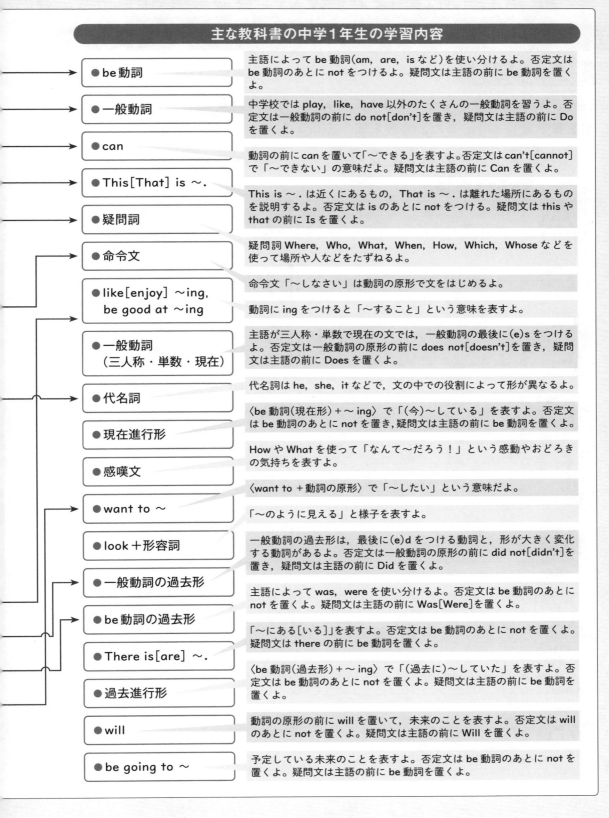

1 アルファベット（大文字）

要点まとめ

解答▶別冊 P.2　◀)) 01

══════ にある文字をなぞって書きましょう。空いているところに文字を書きましょう。また，音声を聞きましょう。

アルファベット（大文字）

●から書き始める。

アルファベットの書き順は一例です。

A B

C D

E F

G H

I J

K L

M N

O P

Q R

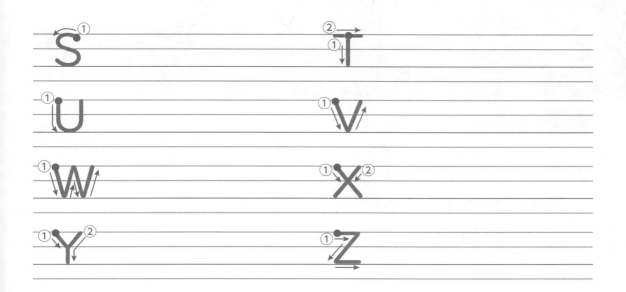

1 アルファベット順になるように，⬚⬚⬚ にアルファベットの大文字 1 文字を書きましょう。

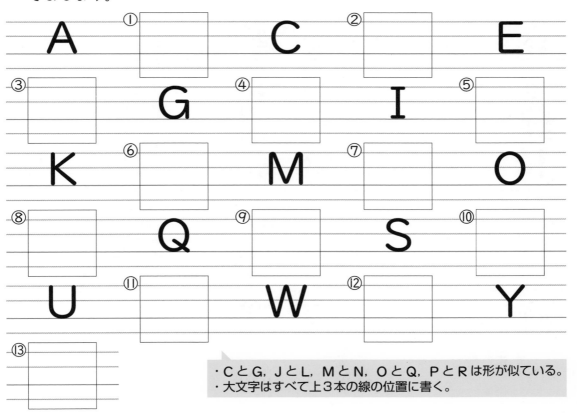

・CとG，JとL，MとN，OとQ，PとRは形が似ている。
・大文字はすべて上3本の線の位置に書く。

2 アルファベット（小文字）

要点まとめ

解答▶別冊P.2　◀))02　

＿＿＿＿にある文字をなぞって書きましょう。空いているところに文字を書きましょう。また，音声を聞きましょう。

アルファベット（小文字）

●から書き始める。

アルファベットの書き順は一例です。

a　b

c　d

e　f

g　h

i　j

k　l

m　n

o　p

q　r

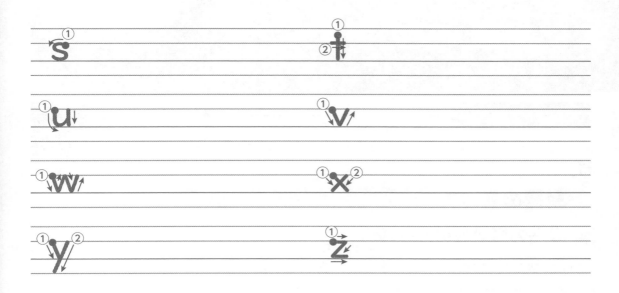

1 アルファベット順になるように，[____]にアルファベットの小文字１文字を書きましょう。

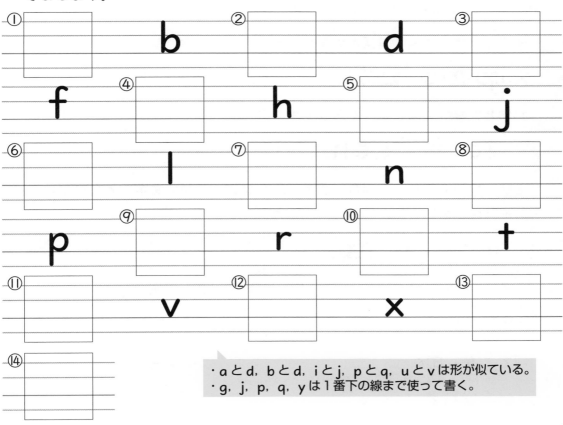

① [   ] b
② [   ] d
③ [   ]
f ④ [   ] h ⑤ [   ] j
⑥ [   ] l ⑦ [   ] n ⑧ [   ]
p ⑨ [   ] r ⑩ [   ] t
⑪ [   ] v ⑫ [   ] x ⑬ [   ]
⑭ [   ]

・a と d，b と d，i と j，p と q，u と v は形が似ている。
・g，j，p，q，y は１番下の線まで使って書く。

11

3 単語・文の書き方

要点まとめ

解答▶別冊P.2　◀))03

_____にある英語をなぞって書きましょう。また，音声を聞きましょう。

単語の書き方

⭐ **単語の書き方のルール**

①文字と文字の間をつめすぎたり，あけすぎたりしない。

②単語と単語の間は少しあける。（小文字1字分くらい）

・ちょうどいい

go to school 「学校へ行く」

・文字と文字や単語と単語がつまりすぎ

× go to school

・文字と文字や単語と単語があきすぎ

× go to school

③名前の姓と名，月名，曜日，国名，地名などは最初の文字を大文字で書く。

・名前（姓と名）　（例）タナカ　ハルカ

Tanaka Haruka

・月名（1～12月）（例）1月

January

・曜日　（例）日曜日

Sunday

・国名　（例）日本

Japan

・地名　（例）東京

Tokyo

文の書き方

★ 文の書き方のルール

①文は大文字で書き始める。

②単語と単語の間は小文字１字分くらいあける。

③文の最後にピリオド（.）をつける。

④文と文の間は小文字２字分くらいあける。

⑤たずねる文のときは，最後にクエスチョンマーク（?）をつける。

⑥文の最初にくる Yes・No のあとに文を続けるときはカンマ（,）をつける。
　カンマのあとは小文字１字分くらいあける。

⑦I am を I'm のように短く示すときはアポストロフィー（'）をつける。

```
①      ②       ③④           ⑤
↓       ↓       ↓↓           ↓
Hi.  I am Ren.  Are you Kate?
```

こんにちは。わたしはレンです。あなたはケイトですか。

```
⑥         ⑦
↓          ↓
Yes, I am.  I'm from Canada.
```

はい，そうです。わたしはカナダ出身です。

★1 (1)〜(3)の文をなぞって書きましょう。(4)は I'm をなぞったあとにあなたの名前（姓と名）を書きましょう。また，音声を聞きましょう。

(1) I like dodgeball.

わたしはドッジボールが好きです。

(2) It's sunny.

晴れです。

(3) Are you a student?

あなたは生徒ですか。

(4) I'm _____ .

わたしは〜です。

④ あいさつ

学習日　　月　　日

要点まとめ

解答▶別冊 P.2　🔊 04

 にある英語をなぞって書きましょう。 には意味を書きましょう。また，音声を聞きましょう。

人に会ったときのあいさつ

⭐ 1日中使えるあいさつ

(1) Hello.「こんにちは。」

Hello.

(2) Hi.「こんにちは。」「やあ。」

Hi.

> Hello. と Hi. は時刻に関係なくいつでも使うことができる。Hello. のほうがていねいな印象をあたえる。Hi. はふつう，親しい人に対して使う。

⭐ 時刻で使い分けるあいさつ

(1) Good morning.
「おはよう。」

Good morning.

(2) Good afternoon.
「こんにちは。」

Good afternoon.

(3) Good evening.
「こんばんは。」

Good evening.

(4) Good night.
「おやすみなさい。」

Good night.

調子をたずねる・答える

⭐ 調子をたずねる

How are you?「調子はどうですか。」

How are you?

⭐ 調子を答える

I'm happy.「わたしはうれしいです。」

> How are you? の答えの文では，I'm のあとに気持ちや様子を表す語を続けて言う。

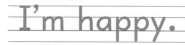

(1) great「すばらしい，とても元気な」

I'm great .

わたしは ① _____ 。

(2) good「よい，元気な」

I'm good .

わたしは ② _____ 。

(3) hungry「空腹な」

I'm hungry .

わたしは ③ _____ 。

(4) tired「つかれた」

I'm tired .

わたしは ④ _____ 。

(5) sad「悲しい」

I'm sad .

わたしは ⑤ _____ 。

(6) sleepy「ねむい」

I'm sleepy .

わたしは ⑥ _____ 。

⭐ 調子をたずねる・答えるときのやりとり

How are you?「調子はどうですか。」

— I'm good. How are you?「わたしは元気です。調子はどうですか。」

I'm great.「わたしはとても元気です。」

初めて会った人とのあいさつ

Nice to meet you.「はじめまして。」

Nice to meet you. と言われたら，Nice to meet you のあとに too を続けて言う。

— Nice to meet you, too.「（こちらこそ）はじめまして。」

Nice to meet you.

— Nice to meet you, too.

カンマ（,）をつける。

別れるときのあいさつ

(1) Goodbye.「さようなら。」

Goodbye.

(2) See you.「またね。」

See you.

15

学習日

月　　日

おたがいのことを知る

解答▶別冊P.2　◀)) 05

要点まとめ

====== にある英語をなぞって書きましょう。 □ には意味を書きましょう。また，音声を聞きましょう。

自分の名前を言う／名前のつづりをたずねる・答える

🌟 自分の名前を言う

I'm Miku.「わたしはミクです。」

I'm Miku.　　I'm のあとに自分の名前を続ける。

My name is Abe Miku.「わたしの名前はアベミクです。」

My name is Abe Miku.　　My name is のあとに自分の名前を（姓→名の順で）続ける。

🌟 名前のつづりをたずねる・答える

How do you spell your name?「あなたの名前はどのようにつづりますか。」
— M-I-K-U. Miku.「M-I-K-U です。ミクです。」

How do you spell your name?

— M-I-K-U. Miku.

アルファベットを1文字ずつ区切って言う。

How do you spell ～? は，名前以外でもつづりがわからないときに使うことができる。

誕生日をたずねる・答える

🌟 誕生日をたずねる・答える

When is your birthday?「あなたの誕生日はいつですか。」
— My birthday is January 1st.「わたしの誕生日は1月1日です。」

When is your birthday?

— My birthday is January 1st.

⭐ 日付の表し方

日付は〈月＋日〉の順で表す。月名を表す最初の文字は大文字で書く。日にちは，1st（first）「1日」，2nd（second）「2日」，3rd（third）「3日」，4th（fourth）「4日」のように「何番目」を表す語を使う。　　　　　　　　　　　　　➡「単語リスト」別冊 P.21

(1) 3月5日

March 5th

(2) 9月30日

September 30th

月名

January「1月」	February「2月」	March「3月」	April「4月」
May「5月」	June「6月」	July「7月」	August「8月」
September「9月」	October「10月」	November「11月」	December「12月」

好きなもの[こと]をたずねる・答える

⭐ 好きな動物をたずねる・答える

What animal do you like?「あなたは何の動物が好きですか。」
— **I like dogs.**「わたしはイヌが好きです。」

What animal do you like?

animal「動物」のほかに，sport「スポーツ」，subject「教科」，food「食べ物」，season「季節」，color「色」などを入れることができる。

— I like dogs.

答えの文では，I like のあとに具体的なものやことを答える。　　➡「単語リスト」別冊 P.18

⭐ なかまの文

(1) 好きなスポーツをたずねる・答える

What sport **do you like? — I like** tennis **.**

あなたは何の ① ［　　　　　］ が好きですか。— わたしは ② ［　　　　　］ が好きです。

(2) 好きな教科をたずねる・答える

What subject **do you like? — I like** math **.**

あなたは何の ③ ［　　　　　］ が好きですか。— わたしは ④ ［　　　　　］ が好きです。

6 わたしはサッカーをします。

\\重要!//
➡P.20〜21の
問題も解いてみよう!

要点まとめ

―――――― 解答▶別冊P.2　◀))06

======= にある英語をなぞって書きましょう。□ には意味を書きましょう。また、音声を聞きましょう。

動作を表す語

⭐ **わたしは〜します。**

I play soccer.「わたしはサッカーをします。」

I play soccer.

> play には、「(スポーツやゲームなど)をする」のほか、「(楽器など)を演奏する」、「遊ぶ」などの意味がある。

ここをしっかり! 📌 **文のつくり方**

日本語	わたしは	サッカーを	します 。
英語	I	play	soccer .

わたしは　①　　　　　　　サッカーを

〈だれが〉　〈何をする〉　〈伝えたいこと〉

「わたしは(スポーツなど)をします。」はI play 〜.と言う。

⭐ なかまの文

➡「単語リスト」別冊P.23

(1) have「〜を持っている」

I have a computer.

わたしはコンピューターを ②　　　　　　　。

- have には、「〜を持っている」のほか、「〜がある [いる]」、「〜を食べる [飲む]」、「〜を飼っている」、「(病気)にかかっている」などの意味がある。
- 動作を表す語には have や like「〜が好きである」のような状態を表すものもある。

18

(2) like「〜が好きである」

I **like** English.

わたしは英語が ③ [_____] 。

(3) eat「〜を食べる」

I **eat** apples.

わたしはリンゴを ④ [_____] 。

(4) enjoy「〜を楽しむ」

I **enjoy** music.

わたしは音楽を ⑤ [_____] 。

(5) speak「〜を話す」

I **speak** Chinese.

わたしは中国語を ⑥ [_____] 。

(6) study「〜を勉強する」

I **study** science.

わたしは理科を ⑦ [_____] 。

(7) see「〜を見る，〜が見える，〜に会う」

I **see** a river.

わたしは川が ⑧ [_____] 。

(8) want「〜がほしい」

I **want** a bicycle.

わたしは自転車が ⑨ [_____] 。

(9) live「住む」

I **live** in Chiba City.

わたしは千葉市に ⑩ [_____] 。

(10) go「行く」

I **go** to school.

わたしは学校へ ⑪ [_____] 。

(11) come「来る」

I **come** here.

わたしはここへ ⑫ [_____] 。

このほかの動作を表す語には，sing「歌う」，teach「教える」，swim「泳ぐ」，buy「買う」，
cut「切る」，clean「そうじをする」，drink「飲む」などがある。

中学では
どうなる？

●一般動詞
「〜する」などの動作を表す語や「〜である」と状態を表す語を動詞
と言うよ。動作を表す play，eat などを一般動詞と言うよ。
一般動詞の文：主語＋動詞（＋目的語）
※目的語がない一般動詞の文もあるよ

I	play	soccer.
〈だれが〉	〈動作を表す語〉	〈伝えたいこと〉
主語	一般動詞	目的語

問題を解いてみよう！

解答・解説▶別冊P.2 　🔊 07

1 音声を聞いて，音声の内容に合う絵を１つずつ選び，記号に〇をつけなさい。

音声を聞いて解く問題はここまで。音声を１度止めなさい。

2 絵に合う文になるように，下の [_____] から１語ずつ選び， ＝＝＝ に書きなさい。

(1)

I _____ Japanese.

(2)

I _____ in Midori City.

(3)

I _____ to a library.

(4)

I _____ bread for breakfast.

| go   live   eat   study |

3 (1)～(3)は日本語に合う文になるように，[   ] の語を並べかえて， ＝＝＝ に書きなさい。(4)はあなた自身について，「わたしは～がほしいです。」という文を ＝＝＝ に書きなさい。

(1) わたしはテニスを楽しみます。

[tennis / enjoy / I / .]

(2) わたしは英語を話します。

[English / I / speak / .]

(3) わたしは算数が好きです。

[like / I / math / .]

(4) わたしは～がほしいです。 ➡「単語リスト」別冊P.23

7 ★ あなたはサッカーをしますか。

＼重要！／
➡P.24〜25の
問題も解いてみよう！

要点まとめ

解答▶別冊P.3　🔊08

＝＝＝ にある英語をなぞって書きましょう。□ には意味を書きましょう。また，音声を聞きましょう。

「〜しますか」とたずねる・答える

★ あなたは〜しますか。

Do you play soccer?「あなたはサッカーをしますか。」
— Yes, I do.「はい，します。」/ No, I don't.「いいえ，しません。」

Do you play soccer?

文の最後は
上げて言う。

— Yes, I do. / No, I don't.

ここをしっかり！ ▶ 文のつくり方

〈だれが〉　動作を表す語

「〜します」の文　　　　You　play soccer. あなたはサッカーをします。

「〜しますか」の文　Do　you　play soccer？ あなたはサッカーをしますか。
　　　　　　　　　文の最初にDo　　　　　　文の最後に？（クエスチョンマーク）

「あなたは〜しますか。」と相手にたずねるときは，Do youで文を始め，あとに「動作を表す語」を続ける。
Do you 〜？の質問には，Yes, I do.またはNo, I don't.を使って答える。

★ なかまの文

➡「単語リスト」別冊P.23

(1) Do you like pizza?

— Yes, I do.

あなたはピザが ① ▢ 。 — はい， ② ▢ 。

(2) <u>Do</u> you <u>study</u> English?

— Yes, I <u>do</u> .

あなたは英語を ③ [　　　　　　　　　] 。 — はい, ④ [　　　　　　　　　] 。

(3) <u>Do</u> you <u>have</u> a guitar?

— No, I <u>don't</u> .

あなたはギターを ⑤ [　　　　　　　　　] 。 — いいえ, ⑥ [　　　　　　　　　] 。

「～しません」と言う

⭐ わたしは～しません。

I don't play soccer.「わたしはサッカーをしません。」

<u>I don't play soccer.</u>

ここをしっかり！ **文のつくり方**

　　　　　　　　　〈だれが〉　　　動作を表す語

「～します」の文　　[I]　　　　　[play] soccer.

　　　　　　　　　　　　　　　　　　　わたしはサッカーをします。

「～しません」の文　[I]　[don't]　[play] soccer.

　　　　　　動作を表す語の前に don't　　　わたしはサッカーをしません。

「わたしは～しません。」と言うときは, **I don't** で文を始め, あとに「動作を表す語」を続ける。

⭐ なかまの文

(1) I <u>don't eat</u> natto.

わたしはなっとうを ⑦ [　　　　　　　　　] 。

問題を解いてみよう！

解答・解説▶別冊P.3　◀))) 09

1 音声を聞いて，それぞれの人物がすることを表す絵の下の[　　　]には○，しないことを表す絵の下の[　　　]には×を書きなさい。

(1) Ken　　ア　　イ

[　　　]　[　　　]

(2) Ms. Ito　　ア　　イ

[　　　]

(3) Jim　　ア　　イ

[　　　]

(4) Emma　　ア　　イ

[　　　]　[　　　]

音声を聞いて解く問題はここまで。音声を１度止めなさい。

2 日本語に合う文になるように，下の □ から１語ずつ選び，══ に書きなさい。□ の中の語は何度使ってもかまいません。

(1) あなたは動物が好きですか。— はい，好きです。

_____ you _____ animals?

> animal(s)は「動物」という意味。

— Yes, I _____ .

(2) あなたは新しいかばんがほしいですか。— いいえ，ほしくありません。

Do _____ _____ a new bag?

> new は「新しい」，
> bag は「かばん」という意味。

— No, I _____ .

(3) わたしは東京に住んでいません。

> in Tokyo は「東京に」という意味。

I _____ _____ in Tokyo.

(4) わたしはピアノを演奏しません。

> piano は「ピアノ」という意味。

I _____ _____ the piano.

| Do | do | don't | you | play | want | live | like |

3 日本語に合う文になるように，[ ]の語を並べかえて，══ に書きなさい。

(1) あなたは日本語を話しますか。

[speak / Do / Japanese / you / ?]

> 「あなたは〜しますか」は Do you のあとに動作を表す語を続ける。

_____

_____

(2) あなたは赤いぼうしを持っていますか。

[you / a / red / Do / have / cap / ?]

> 「赤いぼうし」は a red cap。

_____

_____

25

8 わたしは7時に起きます。

要点まとめ　 ■》10

 にある英語をなぞって書きましょう。また，音声を聞きましょう。

1日にすることを表す

⭐ 家で①

 (1) I get up at seven. 「わたしは7時に起きます。」

I get up at seven.

> 「〜時に」と言うときは at のあとに時刻を表す数字を続ける。

> 「昼食」は lunch,
> 「夕食」は dinner。

 (2) I eat breakfast. 「わたしは朝食を食べます。」

I eat breakfast.

> 「食べる」は eat の代わりに have を使ってもよい。

 (3) I brush my teeth. 「わたしは歯をみがきます。」

I brush my teeth.

⭐ 学校で

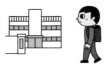 (4) I go to school at eight. 「わたしは8時に学校に行きます。」

I go to school at eight.

> 〈go to ＋場所〉「〜へ行く」

 (5) I study English. 「わたしは英語を勉強します。」

I study English.

(6) I clean the classroom.「わたしは教室をそうじします。」

I clean the classroom.

⭐ 家で②

(7) I come home at four.「わたしは4時に家に帰ります。」

I come home at four.

(8) I walk my dog.「わたしはイヌを散歩させます。」

I walk my dog.

(9) I do my homework.「わたしは宿題をします。」

I do my homework.

(10) I take a bath at eight.「わたしは8時にふろに入ります。」

I take a bath at eight.

(11) I watch TV at nine.「わたしは9時にテレビを見ます。」

I watch TV at nine.

watch は「動くものを注意してじっと見る」状態を表し，see はふつう「自然に目に入ってくるものが見える」状態を表す。look は「動かないものをじっと見る」状態を表す。

(12) I go to bed at ten.「わたしは10時にねます。」

I go to bed at ten.

⭐9 わたしは毎週月曜日に算数を勉強します。

要点まとめ

解答▶別冊P.4　◀))11

≡≡≡≡にある英語をなぞって書きましょう。□□には意味を書きましょう。また，音声を聞きましょう。

曜日を表す語

Monday「月曜日」

Monday

曜日を表す語の最初の文字は大文字で書く。

Tuesday「火曜日」

Tuesday

Wednesday「水曜日」

Wednesday

Thursday「木曜日」

Thursday

Friday「金曜日」

Friday

Saturday「土曜日」

Saturday

Sunday「日曜日」

Sunday

自分の予定を言う

⭐ **わたしは毎週〜曜日に…します。**

I study math on Mondays.「わたしは毎週月曜日に算数を勉強します。」

「〜曜日に」は〈on ＋曜日を表す語〉で表す。
＊「毎週〜曜日に」と言うときは on Mondays のように，曜日を表す語の最後に s をつける。

I study math on Mondays.

⭐ **なかまの文**

➡「単語リスト」別冊P.23

(1) I play tennis on Tuesdays.

わたしは毎週 ① □□□□ にテニスをします。

(2) I go to the library on Wednesdays .

わたしは毎週 ② ☐ に図書館に行きます。

(3) I clean my room on Thursdays .

わたしは毎週 ③ ☐ にわたしの部屋をそうじします。

(4) I ride a unicycle on Fridays .

わたしは毎週 ④ ☐ に一輪車に乗ります。

⭐**1** ジムが書いた英文を読んで, それぞれの絵の内容に合う曜日を日本語で [   ] に書きましょう。

Jim

Hello. I'm Jim.
I play basketball on Tuesdays.
I go to the park on Wednesdays.
I study Japanese on Fridays.
I clean the bath on Sundays.

(1)
毎週 [   ] 曜日

(2)
毎週 [   ] 曜日

(3)
毎週 [   ] 曜日

(4)
毎週 [   ] 曜日

要点まとめ

解答▶別冊P.4　◀)) 12　

▓▓▓ にある英語をなぞって書きましょう。□ には意味を書きましょう。また，音声を聞きましょう。

「いつも」「ふだん」などを表す語

(1) always「いつも」

| always |

「必ずする」

(2) usually「ふだん」「たいてい」

| usually |

「する時のほうが多い」

(3) sometimes「ときどき」

| sometimes |

「したりしなかったりする」

(4) never「決して〜ない」

| never |

「全くしない」

「いつも」「ふだん」などを使う文

⭐ わたしはいつも〜します。

I always take out the garbage at seven.

わたしは ①[　　　　　] ７時にごみを出します。

「いつも」という意味の always を，動作を表す語の前に置く。
take out garbage は「ごみを出す」という意味。

⭐ **わたしはふだん～します。**

I <u>usually read</u> books at five.

わたしは ②[   ] 5時に本を読みます。

> 「ふだん」という意味の usually を，動作を表す語の前に置く。

⭐ **わたしはときどき～します。**

I <u>sometimes help</u> my mother.

わたしは ③[   ] 母を手伝います。

> 「ときどき」という意味の sometimes を，動作を表す語の前に置く。

⭐ **わたしは決して～しません。**

I <u>never drink</u> coffee.

わたしは ④[   ] コーヒーを飲みません。

> 「決して～ない」という意味の never を，動作を表す語の前に置く。
> I don't drink coffee. よりも「しない」ことを強調した言い方。

1 日本語に合う文になるように，下の[   ]から1語ずつ選び，══ に書きましょう。

(1) わたしはいつも8時に歩いて学校に行きます。

I ═══════════════ walk to school at eight.

(2) わたしはときどき目玉焼きを作ります。

I ═══════════════ cook fried eggs.

always	usually	sometimes	never

11 英語を話しなさい。

要点まとめ ——————————————————— 解答▶別冊P.5 ◀)) 13

＿＿＿ にある英語をなぞって書きましょう。□ には意味を書きましょう。また，音声を聞きましょう。

命令する

⭐ **〜しなさい。**

Speak English.「英語を話しなさい。」

Speak English.

ここをしっかり！ 文のつくり方

	〈だれが〉	動作を表す語	〈伝えたいこと〉	
「〜します」の文	You	speak	English	. あなたは英語を話します。
「〜しなさい」の文		Speak	English	. 英語を話しなさい。

「〜しなさい。」と命令するときは，動作を表す語から文を始める。

禁止する

⭐ **〜してはいけません。**

Don't eat this cake.「このケーキを食べてはいけません。」

Don't eat this cake.

ここをしっかり！ 文のつくり方

	動作を表す語	〈伝えたいこと〉	
「〜しなさい」の文	Eat	this cake.	このケーキを食べなさい。
「〜してはいけません」の文	Don't eat	this cake.	このケーキを食べてはいけません。

「〜してはいけません。」と禁止するときは，Don'tのあとに動作を表す語を続ける。

⭐ **なかまの文**

Don't run in the library.

図書館の中で ① 　　　　　　　　　　　　　　 。

さそう

⭐ **（いっしょに）〜しよう。**

Let's play badminton.「バドミントンをしよう。」

Let's play badminton.

ここをしっかり！　文のつくり方

　　　　　　　　　　動作を表す語　〈伝えたいこと〉

「〜しなさい」の文　　　　[Play] [badminton]. バドミントンをしなさい。

「〜しよう」の文　[Let's] [play] [badminton]. バドミントンをしよう。

「（いっしょに）〜しよう。」とさそうときは，Let'sのあとに動作を表す語を続ける。

⭐ **なかまの文**

Let's watch the stars.

星を ② 　　　　　　　　　　 。

⭐ **1** 日本語に合う文になるように，〔　　　　　〕の語を並べかえて，＝＝＝ に書きなさい。

(1) 窓を開けなさい。〔the / Open / window / .〕　　open「開ける」

_____

(2) ドアを閉めてはいけません。〔the / close / door / Don't / .〕　close「閉める」

_____

12 わたしはハルトです。

\重要!/
➡P.36〜37の
問題も解いてみよう!

要点まとめ
──────── 解答▶別冊P.5 ◀))14

にある英語をなぞって書きましょう。□には意味を書きましょう。また，音声を聞きましょう。

自分のことを言う

⭐ わたしは〜です。

I am Haruto.「わたしはハルトです。」

I am Haruto.

> 名前の最初の文字は大文字で書く。

> I am は I'm と短く表すこともできる。
> I'm Haruto. でも同じ意味になる。

ここをしっかり! 文のつくり方

日本語	わたしは	ハルト	です 。

英語		I	am	Haruto .

「わたしは〜です。」と自分のことを言うときは I am[I'm]〜.で表す。
am は「〜です」「〜だ」という意味で，I「わたし」 = Haruto「ハルト」
であることを表す。

⭐ I am を使った表現

(1)出身地を言う：I am from 〜.「わたしは〜出身です。」

I am from Kobe.

> 人名，地名，国名の最初の文字は大文字で書く。
> (例) Haruto「ハルト」, Hokkaido「北海道」,
> America「アメリカ」

わたしは神戸① [　　　　　　　　]。

34

(2) 得意なことを言う：I am good at ～.「わたしは～が得意です。」

I am <u>good at</u> fishing. 得意なこと

わたしは魚つりが ②［　　　　　　　　　　　　　　］。　　→「単語リスト」別冊 P.18

相手のことを言う

⭐ **あなたは～です。**

You are Kana.「あなたはカナです。」

<u>You are Kana.</u>

ここをしっかり! **文のつくり方**

日本語　　［あなたは］　　　┊カナ┊　　　┊です┊ 。

英語　　　｜You｜　　　┊are┊　　　Kana .

「あなたは～です。」と相手のことを言うときは You are ～. で表す。
are は「～です」「～だ」という意味で，｜You「あなた」｜ = ┊Kana「カナ」┊
であることを表す。

中学では

どうなる？

●be動詞の文
主語と，主語を説明する語句（補語）をイコール（＝）の関係でつなぐ働きをして，「～です」「～だ」の意味を表す語を be 動詞と言うよ。
be 動詞には am，are，is などがあり，主語によって使い分けるよ。

　　　　　I　　　　　am　　　　Haruto.
　　　〈だれが〉　　〈＝〉　　〈伝えたいこと〉
　　　　主語　　　 be動詞　　　　補語

主語	be動詞
I「わたしは」	am
you「あなたは」など	are
he「かれは」, she「かのじょは」, it「それは」, this「これは」, that「あれは」, 人名など	is

12 わたしはハルトです。

問題を解いてみよう！

解答・解説▶別冊 P.5　◀)) 15

1 音声を聞いて，(1)(2)の人物の出身地と得意なことを表す絵を1つずつ選び，それぞれ［　　　］に記号を書きなさい。

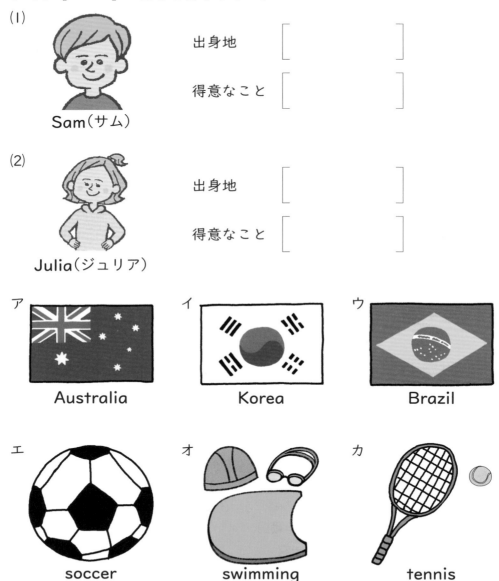

(1)

Sam（サム）

出身地　［　　　　　　　］

得意なこと　［　　　　　　　］

(2)

Julia（ジュリア）

出身地　［　　　　　　　］

得意なこと　［　　　　　　　］

ア　Australia

イ　Korea

ウ　Brazil

エ　soccer

オ　swimming

カ　tennis

音声を聞いて解く問題はここまで。音声を1度止めなさい。

2 絵の人物になったつもりで，名前・出身地・得意なことをしょうかいする文になるように，下の ☐ から1語ずつ選び，══ に書きなさい。

名前：ユナ（Yuna）
出身地：長崎（Nagasaki）
得意なこと：理科（science）

(1) ＿＿＿＿＿＿＿ ＿＿＿＿＿＿＿ Yuna.

「わたしはユナです。」という意味の文にする。

(2) ＿＿＿＿＿＿＿ ＿＿＿＿＿＿＿ Nagasaki.

「わたしは長崎出身です。」という意味の文にする。

(3) I'm ＿＿＿＿＿＿＿ ＿＿＿＿＿＿＿ science.

「わたしは理科が得意です。」という意味の文にする。

I	I'm	am	good	from	at

3 日本語に合う文になるように，[ ]の語を並べかえて，══ に書きなさい。

(1) わたしはコウタです。

[am / Kota / I / .]

「わたしは〜です。」は，I am のあとに伝えたいことを続ける。

(2) あなたはシホです。

[Shiho / You / are / .]

(3) あなたはフランス出身です。

[from / You / France / are / .]

⭐13 あなたはユイですか。

\重要!/
➡P.40〜41の
問題も解いてみよう!

要点まとめ

—— 解答▶別冊P.5　◀)) 16

＿＿＿ にある英語をなぞって書きましょう。□ には意味を書きましょう。また，音声を聞きましょう。

相手のことをたずねる・答える

⭐ **あなたは〜ですか。**

Are you Yui?「あなたはユイですか。」

― Yes, I am.「はい，そうです。」/ No, I'm not.「いいえ，ちがいます。」

Are you Yui?

文の最後は上げて言う。

No, I am not. も同じ意味。

― Yes, I am. / No, I'm not.

ここをしっかり! **文のつくり方**

「あなたは〜です」の文　　　| You |　| are |　| Yui | .　あなたはユイです。

「あなたは〜ですか」の文　| Are |　| you |　　　　| Yui | ?　あなたはユイですか。
　　　　　　　　　　　文の最初にAre　　　　文の最後は?(クエスチョンマーク)

「あなたは〜ですか」と相手にたずねるときは，Are you で文を始め，あとに「聞きたい内容」を続ける。

⭐ Are you 〜? を使った表現

(1) 年れいをたずねる

Are you eleven years old?

あなたは ①_____ 。

「何さいですか。」と相手にたずねるときは，How old で文を始める。

How old are you?「あなたは何さいですか。」

― I'm eleven years old.「わたしは11さいです。」

(2) 気分や状態を確認する

気分や状態を表す言葉：angry「おこった」, thirsty「のどがかわいた」,
　　　　　　　　　　　　beautiful「美しい」, small「小さい」, big「大きい」など

Are you　angry?

あなたは ② 　　　　　　　　　　　　　　　。

(3) 職業をたずねる

職業を表す言葉：teacher「先生」, singer「歌手」, cook「コック」,
　　　　　　　　doctor「医者」など

Are you　a baseball player?

「～の選手」はスポーツ名のあとに player を続ける。

あなたは ③ 　　　　　　　　　　　　　　。

「～ではありません」と言う

⭐ わたしは～ではありません。

I am not busy.「わたしはいそがしくありません。」

I am not busy.

I am not は I'm not と同じ意味。

| ここをしっかり！ | 文のつくり方 |

「わたしは～です」の文　　I　am　　　　　busy . わたしはいそがしいです。

「わたしは～ではありません」の文　　I　am　not　busy . わたしはいそがしくありません。

am のあとに not

「わたしは～ではありません。」と言うときは, I am[I'm] not で文を始める。

⭐ I am not ～. を使った表現

I am not　from Italy.　　I am not　a teacher.

わたしは ④ 　　　　　　　　　　　。 わたしは ⑤ 　　　　　　　　　　　　。

13 **あなたはユイですか。**

問題を解いてみよう！

解答・解説▶別冊P.5　◀)) 17

1 音声を聞いて，それぞれの人物について正しく表している絵の下の[　　　]には〇，まちがっている絵の下の[　　　]には×を書きなさい。

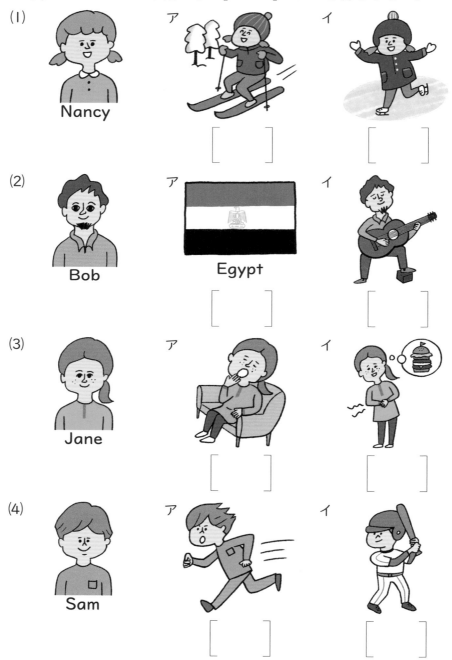

(1) Nancy　ア　イ
[　　　]　[　　　]

(2) Bob　Egypt　ア　イ
[　　　]　[　　　]

(3) Jane　ア　イ
[　　　]　[　　　]

(4) Sam　ア　イ
[　　　]　[　　　]

音声を聞いて解く問題はここまで。音声を1度止めなさい。

2 日本語に合う文になるように，下の ☐ から1語ずつ選び， ＝＝＝ に書きなさい。 ☐ の中の語は何度使ってもかまいません。

(1) あなたはソウタですか。 — はい，そうです。

＿＿＿＿ ＿＿＿＿
＿＿＿＿ ＿＿＿＿ Sota?

— Yes, ＿＿＿＿ ＿＿＿＿.

(2) あなたは看護師ですか。 — いいえ，ちがいます。

＿＿＿＿ ＿＿＿＿ a nurse?

nurse は「看護師」という意味。

— No, ＿＿＿＿ ＿＿＿＿.

(3) わたしはのどがかわいていません。

＿＿＿＿ ＿＿＿＿ thirsty.

thirsty は「のどがかわいた」という意味。

| I'm | I | am | you | Are | not |

3 カナ(Kana)とジョン(John)が話をしています。二人の会話の内容に合うように，下の質問に日本語で答えなさい。

Kana：John, are you good at math?
John：No, I'm not. But I'm good at P.E. I like sports.
Kana：Oh, I like sports, too. I sometimes play tennis.
John：I play tennis, too. Are you a good tennis player?
Kana：Yes, I am.

(1) ジョンが得意ではない教科は何ですか。 （　　　　　　）

(2) ジョンが得意な教科は何ですか。 （　　　　　　）

(3) カナが得意なスポーツは何ですか。 （　　　　　　）

⭐14 こちらはサナです。

要点まとめ

解答▶別冊 P.7　🔊18

＝＝＝＝にある英語をなぞって書きましょう。□には意味を書きましょう。また，音声を聞きましょう。

近くの人やものをしょうかいする

⭐こちらは〜です。

This is Sana.「こちらはサナです。」

This is Sana.

「こちらは〜です。」と<u>近くにいる一人の人</u>をしょうかいするときは，**This is** で文を始め，あとにしょうかいする人の名前や自分との関係を表す言葉を続ける。

⭐自分との関係を表す語

(1) 家族：father「お父さん」, mother「お母さん」, brother「お兄さん[弟]」, sister「お姉さん[妹]」, grandfather「おじいさん」, grandmother「おばあさん」など

This is my sister.

> 英語では「お兄さん」と「弟」は brother，「お姉さん」と「妹」は sister。それぞれ同じ語で表す。

| ① | わたしの姉[妹]です。|

(2) 家族以外：classmate「クラスメート」, friend「友達」, teacher「先生」など

This is my teacher.

こちらは　② 　　　　　　　　　　　　　　。

⭐これは〜です。

This is my bike.「これはわたしの自転車です。」

This is my bike.

「これは〜です。」と<u>近くにある一つのもの</u>について言うときも，**This is** で文を始め，あとに伝えたいものを表す言葉を続ける。

遠くの人やものをしょうかいする

⭐ あちらは〜です。

That is Mr. Takagi.「あちらはタカギさん[先生]です。」

That is Mr. Takagi.

> **Mr.** は男性の名字の前につけて,「〜さん」または「〜先生」という意味になる。女性には **Ms.** を使う。

「あちらは〜です。」と遠くにいる一人の人をしょうかいするときは, **That is** で文を始め, あとにしょうかいする人の名前や自分との関係を表す言葉を続ける。

⭐ あれは〜です。

That is your racket.「あれはあなたのラケットです。」

That is your racket.

「あれは〜です。」と遠くにある一つのものについて言うときも, **That is** で文を始め, あとに伝えたいものを表す言葉を続ける。

1 次のとき, 英語で何と言いますか。下の ◻️ から( )に示された語数の語を選び ＝＝＝ に書きましょう。◻️ の中の語は何度使ってもかまいません。

(1) 近くにいる男の子を, トム(Tom)だとしょうかいするとき。(3語)

_____ .

(2) 遠くにあるかさを, 自分のかさだと言うとき。(4語)

_____ .

Tom	This	my	That	is	umbrella

43

⭐15 それは赤いです。

要点まとめ

解答▶別冊P.7 🔊 19

_____ にある英語をなぞって書きましょう。 □ には意味を書きましょう。また，音声を聞きましょう。

それについて説明する

⭐ それは～です。

This is my smartphone. 「これはわたしのスマートフォンです。」
It is red. 「それは赤い[赤色]です。」　　It is は It's と言うこともできる。

This is my smartphone.

It is red.

ここをしっかり!　**文のつくり方**

This │is│ my smartphone .　これはわたしのスマートフォンです。

│It│ │is│ │red│ .　　　　　　　　それは赤い[赤色]です。

It「それ」は，前の文の my smartphone「わたしのスマートフォン」のことを指す。

一度話題にのぼったものについて「それは[を]」と言うときは，it で表す。

⭐ なかまの文

(1) black「黒色(の)」

It's black .

それは ① [　　　　　　　]。

(2) blue「青色(の)」

It's blue .

それは ② [　　　　　　　]。

(3) brown「茶色(の)」

It's brown .

それは ③[   ]。

(4) green「緑色(の)」

It's green .

それは ④[   ]。

(5) pink「ピンク色(の)」

It's pink .

それは ⑤[   ]。

(6) purple「むらさき色(の)」

It's purple .

それは ⑥[   ]。

(7) white「白色(の)」

It's white .

それは ⑦[   ]。

(8) yellow「黄色(の)」

It's yellow .

それは ⑧[   ]。

(9) bitter「苦い」

It's bitter .

それは ⑨[   ]。

(10) sweet「あまい」

It's sweet .

それは ⑩[   ]。

(11) salty「塩からい」

It's salty .

それは ⑪[   ]。

(12) sour「すっぱい」

It's sour .

それは ⑫[   ]。

(13) spicy「からい」

It's spicy .

それは ⑬[   ]。

(14) delicious「とてもおいしい」

It's delicious .

それは ⑭[   ]。

(15) cold「冷たい，寒い」

It's cold .

（それは）⑮[   ]。

(16) hot「熱い，暑い，からい」

It's hot .

（それは）⑯[   ]。

16 かれはユウタです。

要点まとめ

解答▶別冊P.7 ◀)) 20

⎯⎯⎯ にある英語をなぞって書きましょう。□ には意味を書きましょう。また，音声を聞きましょう。

かれ[かのじょ]について説明する

⭐ かれは～です。

He is Yuta.「かれはユウタです。」

He is Yuta.

⭐ かのじょは～です。

She is Mio.「かのじょはミオです。」

She is Mio.

「かれは～です」と一人の男の人について言うときは，**He is** で文を始め，あとにその人物についての情報を続ける。

「かのじょは～です」と一人の女の人について言うときは，**She is** で文を始め，あとにその人物についての情報を続ける。

⭐ He[She] is ～.を使った表現

(1) 関係を言う

He is my brother.

① ☐ わたしの兄[弟]です。

(2) 職業を言う

He is a comedian.

② ☐ コメディアンです。

職業を表す語句
astronaut「宇宙飛行士」，
flight attendant「客室乗務員」，
nurse「看護師」，pilot「パイロット」，
police officer「警察官」，
programmer「プログラマー」など

(3) 状態や性格を言う

____She is____ cool.

③ [   ] かっこいいです。

____She is____ kind.

④ [   ] 親切です。

> 状態を表す語は, P.39, 44〜45で学習した言葉のほかに,
> sad「悲しい」, cute「かわいい」, famous「有名な」,
> popular「人気のある」などがある。
> 性格を表す語は,
> active「活動的な」, brave「勇かんな」, friendly「友好的な, 人なつこい」,
> funny「おもしろい」, gentle「やさしい」, strong「強い」などがある。

1 メアリー（Mary）がニック（Nick）をしょうかいする文を書きました。英文を読んで, 内容に合っているほうを◯で囲みましょう。

This is Nick.
He is my friend.
He is from Italy.
He is good at science.
He is active.

(1) ニックはメアリーの（　お兄さん　　友達　）です。

(2) ニックは（　イタリア　　ドイツ　）出身です。

(3) ニックは（　野球　　理科　）が得意です。

(4) ニックは（　友好的　　活動的　）です。

47

17 こちらはだれですか。

要点まとめ

解答▶別冊P.7　🔊)) 21

▭▭▭ にある英語をなぞって書きましょう。▭ には意味を書きましょう。また，音声を聞きましょう。

「～はだれですか」 とたずねる・答える

★ こちら[あちら]はだれですか。― 名前を答える

Who is this?「こちらはだれですか。」― This is Kenta.「こちらはケンタです。」

Who is this?　Who を使ってたずねる文の最後は下げて言う。

― This is Kenta.　This is のあとに名前を続ける。

Who is that?　遠くにいる場合は that を使う。

― That is Hana.　That is のあとに名前を続ける。

あちらは ① [   ] 。 ― ② [   ] ハナです。

ここをしっかり！ 文のつくり方

	〈だれ〉	です	〈こちらは〉	
たずねる文	Who	is	this ?	こちらはだれですか。

isの前にThisを置く。　だれなのかを答える。

| 答える文 | This | is | Kenta . | こちらはケンタです。 |

「～はだれですか。」と一人の人についてたずねるときは，**Who is** で文を始める。Whoは「だれ」という意味を表す。

答えの文では，Yes, Noを使わず，**This is ～.**「こちらは～です。」または **That is ～.**「あちらは～です。」の「～」のところに名前や関係など具体的な説明を加える。

⭐ **かれはだれですか。― 関係を答える**

Who is he?

― He is my grandfather.

かれは ③ [　　　　　　　　　　]。― ④ [　　　　　　　　　] わたしのおじいさんです。

⭐ **かのじょはだれですか。― 2文以上でくわしく答える**

Who is she?

― She is Meg.

She is a good dodgeball player.

かのじょは ⑤ [　　　　　　　　　　]。

― ⑥ [　　　　　　　　　] メグです。

かのじょはじょうずな ⑦ [　　　　　　　　　　　　　　　] です。

1 ルーシー（Lucy）とコウタ（Kota）がある人物について話しています。二人の会話の内容に合う文になるように，（　　）に日本語を書きましょう。

Lucy：Kota, who is that?

Kota：That is Tatsuya.

He is my uncle. uncle「おじ（さん）」

He is a good basketball player.

He is funny.

(1) ルーシーがコウタにたずねた男性の名前は（　　　　　　　　　　　　）です。

(2) その男性はコウタの（　　　　　　　　　）です。

(3) その男性はじょうずな（　　　　　　　　　　　　）です。

(4) その男性は（　　　　　　　　　）です。

あなたは誕生日に何が ほしいですか。

要点まとめ

解答▶別冊P.8　◀)) 22

＿＿＿＿にある英語をなぞって書きましょう。◻には意味を書きましょう。また，音声を聞きましょう。

「何が〜ですか」とたずねる・答える

⭐ **あなたは誕生日に何がほしいですか。**

What do you want for your birthday?「あなたは誕生日に何がほしいですか。」
— I want a computer.「わたしはコンピューターがほしいです。」

> What を使ってたずねる文の最後は下げて言う。

What do you want for your birthday?

— I want a computer.

ここをしっかり！ **文のつくり方**

〈だれが〉　動作を表す語　〈伝えたいこと〉
Do |you| |want| a computer? あなたはコンピューターがほしいですか。

> a computer を What にかえて文の最初に置く。

|What| do |you| |want| ? あなたは何がほしいですか。

「あなたは何が〜ですか。」，「あなたは何を〜しますか。」とたずねるときは，Whatを文の最初に置き，do youのあとにwant「ほしい」，have「持っている」，like「好きである」など動作を表す語を続ける。
What do you 〜?の答えの文では，Yes, Noを使わず，具体的なものを答える。

⭐ **なかまの文**

> 2つ以上のものを言う ときは and で語と語 をつなげる。

What do you have on Wednesdays?

— I have P.E. and math on Wednesdays.

あなたは毎週水曜日に ① ＿＿＿＿＿ ありますか。

— わたしは毎週水曜日に ② ＿＿＿＿＿ と ③ ＿＿＿＿＿ があります。

「何の…が〜ですか」とたずねる・答える

⭐ **あなたは何のスポーツが好きですか。**

What sport do you like?「あなたは何のスポーツが好きですか。」
— I like basketball.「わたしはバスケットボールが好きです。」

What sport do you like?

— I like basketball.

「何の〜」とたずねるときは，Whatのあとにanimal「動物」，food「食べ物」，season「季節」，subject「教科」，color「色」などジャンルを表す語を続ける。

⭐ **なかまの文**

What subject do you like?

— I like English and music.

あなたは ④ ＿＿＿＿＿ が好きですか。

— わたしは ⑤ ＿＿＿＿＿ と ⑥ ＿＿＿＿＿ が好きです。

時刻をたずねる・答える①

⭐ **あなたは何時にねますか。**

What time do you go to bed?「あなたは何時にねますか。」
— I go to bed at ten.「わたしは10時にねます。」

What time do you go to bed?

— I go to bed at ten.

「〜時に」と答えるときは at のあとに時刻を表す数を続ける。

時刻をたずねるときは，What time で文を始める。

18 **あなたは誕生日に何がほしいですか。**

問題を解いてみよう！

解答・解説▶別冊P.8　◀))23

1 リク（Riku）がメグ（Meg）にインタビューをしている音声を聞いて，音声の内容に合う絵を1つずつ選び，記号に○をつけなさい。

(1) メグが誕生日にほしいもの

ア　　　　　　　　　　　　イ　　　　　　　　　　　　ウ

(2) メグが好きなスポーツ

ア　　　　　　　　　　　　イ　　　　　　　　　　　　ウ

(3) メグの火曜日の時間割

ア

時間割表	
1時間目	理科
2時間目	英語
3時間目	算数

イ

時間割表	
1時間目	算数
2時間目	音楽
3時間目	理科

ウ

時間割表	
1時間目	音楽
2時間目	理科
3時間目	英語

(4) メグがねる時刻

ア　　　　　　　　　　　　イ　　　　　　　　　　　　ウ

音声を聞いて解く問題はここまで。音声を1度止めなさい。

2 日本語に合う文になるように，下の □ から１語ずつ選び，＝＝ に書きなさい。□ の中の語は何度使ってもかまいません。

(1) あなたは何を勉強しますか。— わたしは国語を勉強します。

＿＿＿＿＿＿＿＿＿＿＿＿ do you ＿＿＿＿＿＿＿＿＿＿＿＿？

— I study Japanese.

(2) あなたは何のスポーツをしますか。— わたしはテニスをします。

＿＿＿＿＿＿＿＿＿＿＿＿ ＿＿＿＿＿＿＿＿＿＿＿＿ do you play?

— I play tennis.

(3) あなたは何時に家に帰りますか。— わたしは５時に家に帰ります。

＿＿＿＿＿＿＿＿＿＿＿＿ ＿＿＿＿＿＿＿＿＿＿＿＿ do you go home?

— I go home ＿＿＿＿＿＿＿＿＿＿＿＿ five.

| sport | time | at | What | study |

3 日本語に合う文になるように，[　　　]の語句を並べかえて，＝＝ に書きなさい。

(1) あなたは朝食に何を食べますか。　　　「何」を意味する語で文を始める。

[do / eat / What / for / you] breakfast?

＿＿＿＿＿＿＿＿＿＿＿＿＿＿＿＿＿＿＿＿＿＿＿＿＿ breakfast?

(2) あなたは何の動物が好きですか。　「何の動物」を意味する語句で文を始める。

[you / animal / like / What / do / ?]

＿＿＿＿＿＿＿＿＿＿＿＿＿＿＿＿＿＿＿＿＿＿＿＿＿＿＿＿＿

(3) あなたは何時に学校に行きますか。　「何時」を意味する語句で文を始める。

[time / to school / What / go / you / do / ?]

＿＿＿＿＿＿＿＿＿＿＿＿＿＿＿＿＿＿＿＿＿＿＿＿＿＿＿＿＿

19 これは何ですか。

重要!
→P.56〜57の
問題も解いてみよう!

要点まとめ

解答▶別冊P.9　◀)) 24

＝＝＝ にある英語をなぞって書きましょう。☐ には意味を書きましょう。また，音声を聞きましょう。

「〜は何ですか」とたずねる

⭐ これは何ですか。

What is this?「これは何ですか。」— It's a peach.「それはモモです。」

What is this?

> What を使ってたずねる文の最後は下げて言う。

— It's a peach.

ここをしっかり! 文のつくり方

日本語	これは	何	ですか。
英語	What	is	this ?
	何	ですか	これは
日本語	それは	モモ	です。
英語	It	is	a peach .
	それは	です	モモ

答えるときは，It is のあとに具体的なものを表す語を続ける。It's は It is を短くした形。

⭐ なかまの文

(1) ## What is your name?

— My name is Yamada Hana.

> たずねるときは your「あなたの」，答えるときは my「わたしの」を使う。

あなたの ①☐ は何ですか。— ②☐ はヤマダハナです。

(2) <u>What is your favorite subject?</u>

<u>— My favorite subject is English.</u>

あなたの ③[   ] は何ですか。

> subject「教科」のほかに，song「歌」や movie「映画」などを入れることができる。

— わたしの ④[   ] は英語です。

(3) <u>What is your best memory?</u>

<u>— My best memory is our</u>

> best は「いちばんの」の意味。

<u>school trip.</u> ◁ 学校行事を表す語などを続ける。

あなたの ⑤[   ] は何ですか。

— わたしの ⑥[   ] は修学旅行です。

➡「単語リスト」別冊 P.22

曜日をたずねる・答える

⭐ **(今日は)何曜日ですか。**

What day is it?「何曜日ですか。」— **It's Monday.**「月曜日です。」

<u>What day is it?</u>

<u>— It's Monday.</u>

時刻をたずねる・答える②

⭐ **(今は)何時ですか。**

What time is it?「何時ですか。」— **It's 2 p.m.**「午後2時です。」

<u>What time is it?</u>

<u>— It's 2 p.m.</u> ◁ 数字のあとに午前は a.m.，午後は p.m. をつける。

問題を解いてみよう!

解答・解説▶別冊 P.9　🔊)) 25

1 音声を聞いて，音声の内容に合う絵を1つずつ選び，記号に〇をつけなさい。

(1) ア　　　　　　　イ　　　　　　　ウ

(2) ア　　　　　　　イ　　　　　　　ウ

(3) ア　　　　　　　イ　　　　　　　ウ

(4) ア　　　　　　　イ　　　　　　　ウ

音声を聞いて解く問題はここまで。音声を1度止めなさい。

2 絵に合う文になるように，下の ◻️ から１語ずつ選び，══ に書きなさい。

(1)

1/5
（金）

What day is it?

— ＿＿＿＿＿＿＿＿＿＿＿ Friday.

(2)

＿＿＿＿＿＿＿＿＿＿＿＿ is your best memory?

— My best memory ＿＿＿＿＿＿
the sports day.

is	It's	I'm	What

3 (1)〜(3)は日本語に合う文になるように，[　　　]の語句を並べかえて，══ に書きなさい。(4)はあなた自身のことについて，「わたしの大好きな色は〜です。」という文を ══ に書きなさい。

(1) これは何ですか。

[this / is / What / ?]

(2) それは消しゴムです。

[an eraser / It's / .]

(3) あなたの大好きな色は何ですか。

[your favorite / What / is / color / ?]

(4) わたしの大好きな色は〜です。

★20 わたしのかばんは どこですか。

＼重要！／
➡P.60〜61の
問題も解いてみよう！

要点まとめ

解答▶別冊P.10　🔊) 26

＝＝＝にある英語をなぞって書きましょう。□□には意味を書きましょう。また，音声を聞きましょう。

場所をたずねる・答える

★ わたしの〜はどこですか。

Where is my bag?「わたしのかばんはどこですか。」
— It's on the chair.「いすの上です。」

> Where を使ってたずねる
> 文の最後は下げて言う。

Where is my bag?
— It's on the chair.

ここをしっかり！　文のつくり方

Where isのあとに，場所を知りたいものを続ける。文の最後は？（クエスチョンマーク）

| Where | is | my bag | ? | | わたしのかばんはどこですか。 |

| It | | is | on the chair. | いすの上です。 |

★ 場所を答える

(1) by「〜のそばに」

It's **by** the door.

ドアの ① _____ にあります。

(2) in「〜の中に」

It's **in** the box.　　　　箱の ② _____ にあります。

(3) under「〜の下に」

It's **under** the table.　テーブルの ③ _____ にあります。

「どこへ〜ですか」とたずねる・答える

⭐ **あなたはどこへ行きたいですか。**

Where do you want to go?「あなたはどこへ行きたいですか。」

— I want to go to Australia.「わたしはオーストラリアへ行きたいです。」

<u>Where do you want to go?</u>

<u>— I want to go to Australia.</u>

ここをしっかり！ 文のつくり方

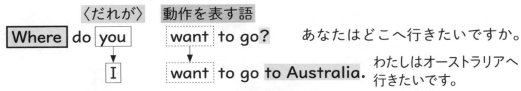

〈だれが〉　　動作を表す語

Where do you　want to go?　　　あなたはどこへ行きたいですか。

↓　　　↓

I　　want to go to Australia.　わたしはオーストラリアへ行きたいです。

I want to go to のあとに，行きたい場所を表す語句を続ける。

「いつ〜ですか」とたずねる・答える

⭐ **あなたはいつ〜ですか。**

When do you want to go to Hokkaido?「あなたはいつ北海道へ行きたいですか。」

— In August.「8月です。」

<u>When do you want to go to Hokkaido?</u>

<u>— In August.</u>　「〜月に」は〈in ＋月を表す語〉で表す。

理由をたずねる・答える

⭐ **あなたはなぜ〜ですか。**

Why do you want to go to Nagoya?「あなたはなぜ名古屋（なごや）へ行きたいのですか。」

— I like to see castles.「わたしは城を見ることが好きです。」　castle「城」

<u>Why do you want to go to Nagoya?</u>

<u>— I like to see castles.</u>

問題を解いてみよう！

解答・解説▶別冊 P.10　◀))27

1 音声を聞いて，音声の内容に合う絵を１つずつ選び，記号に〇をつけなさい。

(1) ア　　　　　イ　　　　　ウ

(2) ア　　　　　イ　　　　　ウ

Italy　　　　America　　　　Australia

(3) ア　　　　　イ　　　　　ウ

(4) ア　　　　　イ　　　　　ウ

1月 5日　　　6月 3日　　　4月 8日

音声を聞いて解く問題はここまで。音声を１度止めなさい。

2 絵に合う文になるように，下の □□□ から１語ずつ選び， ＝＝＝ に書きなさい。□□□ の中の語は何度使ってもかまいません。

(1)

＿＿＿＿＿＿＿＿＿＿＿＿＿＿＿

your cat?
— It's on the bed.

(2)

＿＿＿＿＿＿＿＿＿＿＿＿＿＿＿

the Star Festival?
— It's July 7th.

is	When	Where

3 (1)〜(4)の質問に合う答えを１つずつ選び，線でつなぎなさい。

(1) Where do you want to go? ●

● ア

It's on the desk.

(2) Why do you like Japan? ●

● イ

I want to go to Japan.

(3) Where is my book? ●

● ウ

It's November 27th.

(4) When is your school trip? ●

● エ

I like Japanese food.

21 いくつですか。

要点まとめ ──────────── 解答▶別冊P.10 ◀))28

＿＿＿にある英語をなぞって書きましょう。▢には意味を書きましょう。また，音声を聞きましょう。

数をたずねる・答える

⭐ **いくつですか。**

How many?「いくつですか。」― Ten.「10です。」

How many? ― Ten.

> How を使ってたずねる文の最後は下げて言う。

How many apples?「リンゴは何個ですか。」
― Ten apples.「10個（のリンゴ）です。」

How many apples?

― Ten apples.

> How many のあとに数をたずねたいものを続けてもよい。

年れいをたずねる・答える

⭐ **あなたは何さいですか。**

How old are you?「あなたは何さいですか。」
― I'm eleven (years old).「11さいです。」

How old are you?

― I'm eleven.

天気をたずねる

⭐ 天気はどうですか。

「どのような」も How を使ってたずねることができる。

How is the weather?「天気はどうですか。」
— It's sunny.「晴れです。」

How is the weather?

— It's sunny.

⭐ 天気を答える

(1) cloudy「くもった」

It's cloudy .

① _____。

(2) rainy「雨が降っている」

It's rainy .

② _____。

(3) snowy「雪が降っている」

It's snowy .

③ _____。

(4) windy「風の強い」

It's windy .

④ _____。

1 答えに合う文になるように，══ に1語ずつ書きましょう。

(1)

_____ _____ pencils?

— Three pencils.

(2)

_____ _____ are you?

— I'm ten years old.

63

22 わたしはバレーボールをすることができます。

＼重要!／
➡P.66〜67の
問題も解いてみよう!

要点まとめ

解答▶別冊P.11　◀))) 29

＝＝＝にある英語をなぞって書きましょう。また，音声を聞きましょう。

できることを言う

⭐ わたしは〜することができます。

I can play volleyball.「わたしはバレーボールをすることができます。」

I can play volleyball.

⭐ あなたは〜することができます。

You can play volleyball.「あなたはバレーボールをすることができます。」

You can play volleyball.

できないことを言う

⭐ わたしは〜することができません。

I can't play the guitar.「わたしはギターをひくことができません。」

I can't play the guitar.

can't は cannot と
表すこともできる。

できるかどうかたずねる・答える

⭐ あなたは〜することができますか。

Can you run fast?「あなたは速く走ることができますか。」
― Yes, I can.「はい，できます。」/ No, I can't.「いいえ，できません。」

Can you run fast?

― Yes, I can. / No, I can't.

	〈だれが〉	動作を表す語	〈伝えたいこと〉
「〜します」の文	I		play volleyball. わたしはバレーボールをします。
「〜することができます」の文	I	can	play volleyball. わたしはバレーボールをすることができます。
「〜することができません」の文	I	can't	play volleyball. わたしはバレーボールをすることができません。
「〜することができますか」の文	Can you		play volleyball? あなたはバレーボールをすることができますか。

1 日本語に合う文になるように，下の □□□□ から１語ずつ選び，══ に書きましょう。

(1)  わたしはケーキを作ることができます。

I ＿＿＿＿＿＿＿＿＿ make a cake.

(2)  わたしはカレーを料理することができません。

I ＿＿＿＿＿＿＿＿＿ cook curry.

can't can don't

中学ではどうなる？

●助動詞の文
can「〜することができる」など，動詞に意味をつけ加える役割を持つ語を助動詞と言うよ。中学校ではcanのほかにmust「〜しなければならない」，should「〜すべきだ」などを学習するよ。

I can speak English.
わたしは英語を話すことができます。

I must speak English.
わたしは英語を話さなければなりません。

You should speak English.
あなたは英語を話すべきです。

問題を解いてみよう！

解答・解説 ▶ 別冊 P.11　 ◀)) 30

1 音声を聞いて，音声の内容に合う絵を１つずつ選び，記号に○をつけなさい。

(1) ア　　　　　イ　　　　　ウ

(2) ア　　　　　イ　　　　　ウ

(3) ア　　　　　イ　　　　　ウ

(4) ア　むかしむかし…　　イ　　　　　ウ

音声を聞いて解く問題はここまで。音声を１度止めなさい。

2 絵に合う文になるように，下の ▢ から1語ずつ選び，══ に書きなさい。▢ の中の語は何度使ってもかまいません。

(1) I ══════ ══════ *natto.*

(2) ══════ you ride a unicycle?

(3) — ══════ , I ══════ .

Can eat can Yes

3 (1)(2)は日本語に合う文になるように，[ ] の語を並べかえて，══ に書きなさい。(3)はあなた自身のことについて，「わたしは～することができます。」という文を ══ に書きなさい。

(1) あなたはサルを見ることができます。

　[monkeys / You / see / can / .]

(2) かれは泳げません。

　[swim / He / can't / .]

(3) わたしは～することができます。　　　　　➡「単語リスト」別冊 P.23

要点まとめ ──────────── 解答▶別冊P.11　🔊 31

＿＿＿＿にある英語をなぞって書きましょう。□には意味を書きましょう。また，音声を聞きましょう。

場所をたずねる・道を案内する

⭐ **～はどこにありますか。**

Where is Hakata Station?「博多駅はどこにありますか。」

— Go straight for one block.「1ブロックまっすぐ行ってください。」

You can see it on your right.「それ（博多駅）は右側に見えます。」

Where is Hakata Station?

— Go straight for one block.

You can see it on your right.

for one block
「1ブロック」

道案内の表現

⭐ **行き方・場所を説明する**

(1) go straight「まっすぐ行く」

Go *straight* .

①

行ってください。

(2) turn right「右へ曲がる」

Turn *right* .

②

へ曲がってください。

(3) at the first corner「1つ目の角で」

at the first *corner*

③

で

(4) on your right「右側に」

on your left は
「左側に」。

on your *right*

④

に

68

★ 公園・図書館・動物園への道案内

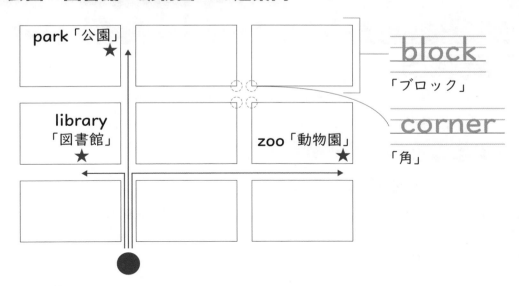

(1) 公園への道案内

Go straight for three blocks. You can see the park on

your left.

3ブロック ⑤ [   ] ください。左側に公園が見えます。

(2) 図書館への道案内

Turn left at the first corner. You can see the library on your

right .

1つ目の角で左へ ⑥ [   ] ください。⑦ [   ] 側に図
書館が見えます。

(3) 動物園への道案内

Turn right at the first corner, and go straight for

two blocks . You can see the zoo on your left .

1つ目の角で ⑧ [   ] ください，そして ⑨ [   ]
まっすぐ行ってください。⑩ [   ] 側に動物園が見えます。

24 わたしはゲームを することを楽しみます。

要点まとめ

解答▶別冊P.11　🔊) 32

＿＿＿＿にある英語をなぞって書きましょう。□には意味を書きましょう。また，音声を聞きましょう。

～すること

⭐ **わたしは～することを楽しみます。**

I enjoy playing games.「わたしはゲームをすることを楽しみます。」

I enjoy playing games.

ここをしっかり！ 文のつくり方

日本語	わたしは	ゲームをすることを	楽しみます 。
英語	I	enjoy	playing games .
	わたしは	楽しみます	ゲームをすることを。
	〈だれが〉	動作を表す語	〈伝えたいこと〉

「わたしは～することを楽しみます。」は I enjoy ～ing. という形で表す。
～ing は, playing, camping のように動作を表す語に ing をつけた形。
enjoy ～ing は「～することを楽しむ」, like ～ing は「～することが好きだ」という意味。

⭐ 「～すること」を表す

➡「単語リスト」別冊 P.23

(1) camping「キャンプをすること」

I enjoy camping .

わたしは ①＿＿＿＿＿＿＿＿＿＿ を楽しみます。

(2) hiking「ハイキングをすること」

I enjoy hiking .

わたしは ②＿＿＿＿＿＿＿＿＿＿ を楽しみます。

(3) playing cards「トランプをすること」

I enjoy ___playing cards___ .

cards で「トランプ遊び」という意味。

わたしは ③[   ]を楽しみます。

(4) reading books「本を読むこと」

I like ___reading books___ .

わたしは ④[   ]が好きです。

★ ～することが…ですか。・～することが…ではありません。

(1) shopping「買い物をすること」

Do you like ___shopping___ ?

あなたは ⑤[   ]が好きですか。

(2) swimming「泳ぐこと」

I don't like ___swimming___ .

わたしは ⑥[   ]が好きではありません。

中学では
どうなる？

●動名詞
動作を表す語に ing をつけた形は「～すること」という意味を表すよ。これを動名詞と言うよ。

・目的語になる動名詞

I	enjoy	playing games.
〈だれが〉	〈動作を表す語〉	〈伝えたいこと〉
主語	動詞	目的語（＝動名詞）

・主語になる動名詞

Playing games	is	fun.
〈何が〉	〈＝〉	〈伝えたいこと〉
主語（＝動名詞）	be動詞	補語

★25 わたしはパーティーを楽しみました。

＼重要！／
➡P.74〜75の
問題も解いてみよう！

要点まとめ ——————————————— 解答▶別冊P.12　◀)) 33

〓〓〓〓 にある英語をなぞって書きましょう。□ には意味を書きましょう。また，音声を聞きましょう。

過去にしたことを言う

⭐ **わたしは〜しました。**

I enjoyed the party. 「わたしはパーティーを楽しみました。」

<u>I enjoyed the party.</u>

ここをしっかり！ 文のつくり方

enjoy「楽しむ」

「〜します」の文　I enjoy the party. わたしはパーティーを楽しみます。

「〜しました」の文　I enjoyed the party. わたしはパーティーを楽しみました。

eat「食べる」

「〜します」の文　I eat sandwiches.　わたしはサンドイッチを食べます。

「〜しました」の文　I ate sandwiches.　わたしはサンドイッチを食べました。

過去のことを言う文では，動作を表す語の形を変える。過去のことを言うときに使う動作を表す語の形を過去形と言う。

⭐ なかまの文

(1) went「行った」（go「行く」の過去形）

I <u>went</u> to Nagano.

わたしは長野へ ① [　　　　　　　　　　　]。

(2) saw「～を見た，～が見えた」（see「～を見る，～が見える」の過去形）

I __saw__ lions.

わたしはライオンを [②   ] 。

⭐**1** 日本語に合う文になるように，下の [ ] から I 語ずつ選び， ══ に書きましょう。

(1) わたしはバナナを食べました。

I ＿＿＿＿＿＿＿＿＿＿＿＿＿ a banana.

(2) わたしは動物園へ行きました。

I ＿＿＿＿＿＿＿＿＿＿＿＿＿ to a zoo.

(3) わたしは映画を楽しみました。

I ＿＿＿＿＿＿＿＿＿＿＿＿＿ the movie.

┌─────────────────────────────┐
│   went   ate   enjoyed   │
└─────────────────────────────┘

┌──┐
│ **中学では**   │
│   │
│ **どうなる？**   │
│   │
│ ●一般動詞の過去の文   │
│ 動作を表す語は，現在のことを言うときと，過去のことを言うとき   │
│ で，語の形がかわるよ。現在のことを言うときの形を現在形，過去   │
│ のことを言うときの形を過去形と言うよ。   │
│ 過去形が ed で終わる形の動詞を規則動詞，ed で終わる形ではなく │
│ 不規則な変化をする動詞を不規則動詞と言うよ。   │
│   │
│   ・規則動詞   │
│   I enjoy dinner.   「わたしは夕食を楽しみます。」   │
│   〈現在形〉   │
│   │
│   I enjoyed dinner.   「わたしは夕食を楽しみました。」   │
│   〈過去形〉   │
│   │
│   ・不規則動詞   │
│   I go to school.   「わたしは学校へ行きます。」   │
│   〈現在形〉   │
│   │
│   I went to school.   「わたしは学校へ行きました。」   │
│   〈過去形〉   │
└──┘

問題を解いてみよう！

解答・解説 ▶ 別冊 P.12　🔊 34

1 音声を聞いて，音声の内容に合う絵を１つずつ選び，記号に○をつけなさい。

(1) ア　　　　　　　　イ　　　　　　　　ウ

(2) ア　　　　　　　　イ　　　　　　　　ウ

(3) ア　　　　　　　　イ　　　　　　　　ウ

(4) ア　　　　　　　　イ　　　　　　　　ウ

China　　　　　　Australia　　　　　　France

音声を聞いて解く問題はここまで。音声を１度止めなさい。

2 日本語に合う文になるように，下の □ から１語ずつ選び，＝＝ に書きなさい。

(1) わたしはすしを食べました。

I ＿＿＿＿＿＿＿＿＿＿＿＿＿＿ sushi.

(2) わたしは昼食を楽しみました。

I ＿＿＿＿＿＿＿＿＿＿＿＿＿＿ lunch.

(3) わたしは京都へ行きました。

I ＿＿＿＿＿＿＿＿＿＿＿＿＿＿ to Kyoto.

(4) わたしはイルカを見ました。

I ＿＿＿＿＿＿＿＿＿＿＿＿＿＿ dolphins.

| went   saw   enjoyed   ate |

3 次のコウセイさんの「いちばんの思い出」についての作文を読み，あとの問いに答えなさい。

Hello. I'm Kosei.
My best memory is the field trip.
I went to Nagano.
I enjoyed temples.
I ate rice balls.

field trip は「遠足」という意味。

(1) 作文の内容に合う絵を選び，記号に○をつけなさい。

ア　　　　　　　イ　　　　　　　ウ

(2) あなたが週末に楽しんだことについて，「わたしは～を楽しみました。」という文を ＝＝ に書きなさい。　　　　　➡「単語リスト」別冊 P.18，23

26 ★ あなたは夏休みを楽しみましたか。

＼重要!／
➡P.78〜79の
問題も解いてみよう!

要点まとめ 🔊 35

▬▬▬ にある英語をなぞって書きましょう。また，音声を聞きましょう。

過去にしたかどうかたずねる・答える

★ あなたは〜しましたか。

Did you enjoy the summer vacation?「あなたは夏休みを楽しみましたか。」
— Yes, I did.「はい，楽しみました。」/
　　No, I didn't.「いいえ，楽しみませんでした。」

<u>Did you enjoy the summer vacation?</u>

— <u>Yes, I did.</u> / <u>No, I didn't.</u>

didn't は did not と言うこともできる。

ここをしっかり! ◀ **文のつくり方**

enjoy「楽しむ」	〈だれが〉	〈動作を表す語〉	〈伝えたいこと〉
「〜しました」の文	I	enjoyed	the summer vacation.
			わたしは夏休みを楽しみました。
「〜しましたか」の文	Did you	enjoy	the summer vacation?
			あなたは夏休みを楽しみましたか。

eat「食べる」			
「〜しました」の文	I	ate	hot dogs.
			わたしはホットドッグを食べました。
「〜しましたか」の文	Did you	eat	hot dogs?
			あなたはホットドッグを食べましたか。

過去の出来事をたずねる文では，Didを文の始めに置き，動作を表す語はもとの形(edなどがつかない形)にもどす。Yes, I did.「はい，しました。」か No, I didn't.「いいえ，しませんでした。」で答える。

過去に何をしたかたずねる・答える

⭐ **何をしましたか。**

What did you do in summer?「あなたは夏に何をしましたか。」
— I went to Mito.「わたしは水戸へ行きました。」

What did you do in summer?

— I went to Mito.　具体的な内容を答える。

過去にしなかったことを言う

⭐ **わたしは〜しませんでした。**

I didn't go to Hiroshima.「わたしは広島へ行きませんでした。」

I didn't go to Hiroshima.

ここをしっかり！ **文のつくり方**

過去の出来事を打ち消す文では、didn't を動作を表す語の前に置く。動作を表す語はもとの形にもどす。

go「行く」　　　　　〈だれが〉　〈動作を表す語〉

「〜しました」の文　　　I　　　went　　to Miyagi.
　　　　　　　　　　　　　　　　　　わたしは宮城に行きました。

「〜しませんでした」の文　I　didn't　go　　to Miyagi.
　　　　　　　　　　　　　　　　　　わたしは宮城に行きませんでした。

中学では

どうなる？

●一般動詞の過去の疑問文・否定文
・疑問文「〜しましたか」
　Did＋主語＋動詞のもとの形 〜？

動詞のもとの形のことを動詞の原形と言う。

　— Yes, 主語＋did. / No, 主語＋didn't.
・疑問詞（What, Who, Where など）を使った疑問文「〜しましたか」
　疑問詞＋did＋主語＋動詞のもとの形 〜？
　— 主語＋動詞の過去形 〜.
　What did you study?「あなたは何を勉強しましたか。」
　— I studied English.「わたしは英語を勉強しました。」
・否定文「〜しませんでした」
　主語＋didn't＋動詞のもとの形 〜.
　I didn't study English.「わたしは英語を勉強しませんでした。」

77

問題を解いてみよう！

解答・解説▶別冊 P.12　🔊) 36

1 音声を聞いて，音声の内容に合う絵を1つずつ選び，記号に〇をつけなさい。

(1) ア　　　　　　　　　イ　　　　　　　　　ウ

(2) ア　　　　　　　　　イ　　　　　　　　　ウ

(3) ア　　　　　　　　　イ　　　　　　　　　ウ

(4) ア　　　　　　　　　イ　　　　　　　　　ウ

音声を聞いて解く問題はここまで。音声を1度止めなさい。

2 絵に合う文になるように，下の ▭ から1語ずつ選び，══ に書きなさい。

(1) あなたはサッカーを楽しみましたか。

_____ you enjoy soccer?

— いいえ，楽しみませんでした。

— _____ , I didn't.

(2) あなたは何を見ましたか。

_____ did you see?

— わたしはクマを見ました。

— I _____ a bear.

(3) わたしはゲームをしませんでした。

I _____ play the game.

| What | didn't | Did | saw | No |

3 (1)(2)は「あなたは〜しましたか。」とたずねる文になるように，══ に書きかえなさい。(3)は「あなたは何を楽しみましたか。」とたずねる文を ══ に書きなさい。

ate のもとの形は eat。

(1) I ate breakfast. (わたしは朝ごはんを食べました。)

_____

went のもとの形は go。

(2) I went to the bookstore. (わたしは書店へ行きました。)

_____

(3) あなたは何を楽しみましたか。

_____

コアラはかわいかった です。

\重要!/
➡P.82〜83の
問題も解いてみよう!

要点まとめ

解答▶別冊P.13　◀))37

_____ にある英語をなぞって書きましょう。□ には意味を書きましょう。また，音声を聞きましょう。

過去の状態を言う

⭐ **〜は…でした。**

The koala was cute.「コアラはかわいかったです。」

The koala was cute.

You were great.「あなた（たち）はすばらしかったです。」

You were great.

⭐ **文のつくり方**

「〜です」の文	「〜でした」の文
I　am 〜.　「わたしは〜です。」	I　was 〜.　「わたしは〜でした。」
You are 〜.　「あなたは〜です。」	You were 〜.　「あなたは〜でした。」
He　is 〜.　「かれは〜です。」	He　was 〜.　「かれは〜でした。」
She is 〜.　「かのじょは〜です。」	She was 〜.　「かのじょは〜でした。」
It　is 〜.　「それは〜です。」	It　was 〜.　「それは〜でした。」
The dog is 〜.「イヌは〜です。」	The dog was 〜.「イヌは〜でした。」
We　are 〜.　「わたしたちは〜です。」	We　were 〜.　「わたしたちは〜でした。」
You are 〜.　「あなたたちは〜です。」	You were 〜.　「あなたたちは〜でした。」
They are 〜.「かれ[かのじょ]らは〜です。」	They were 〜.「かれ[かのじょ]らは〜でした。」
The dogs are 〜.「イヌたちは〜です。」	The dogs were 〜.「イヌたちは〜でした。」

※youは「あなた」，「あなたたち」のどちらの意味も表す。「〜でした」と過去の出来事や
　状態，気持ちなどを言うときは，am / isをwasに，areをwereにかえる。

⭐ **「〜でした」を表す語と文**

(1) The bear was big.

The bear was big.

クマは　① [　　　　　　　　　　　　　　　　　　　　　]　。

80

(2) The rabbit was small.

The rabbit was small.

ウサギは ② [   ] 。

(3) My hair was long.

My hair was long.

わたしのかみの毛は ③ [   ] 。

(4) My pencil was short.

My pencil was short.

わたしのえんぴつは ④ [   ] 。

(5) The hamburger was delicious.

The hamburger was delicious.

ハンバーガーは ⑤ [   ] 。

(6) The amusement park was exciting.

The amusement park was exciting.

遊園地は ⑥ [   ] 。

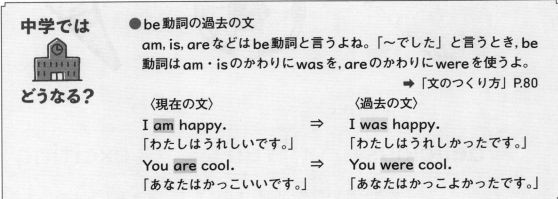

中学では
どうなる？

● be動詞の過去の文
am, is, are などは be 動詞と言うよね。「～でした」と言うとき，be 動詞は am・is のかわりに was を，are のかわりに were を使うよ。

➡「文のつくり方」P.80

〈現在の文〉   〈過去の文〉

I am happy.   ⇒   I was happy.
「わたしはうれしいです。」   「わたしはうれしかったです。」

You are cool.   ⇒   You were cool.
「あなたはかっこいいです。」   「あなたはかっこよかったです。」

問題を解いてみよう！

解答・解説▶別冊P.13 ◀)) 38

1 (1)～(3)の音声を聞いて，①～③について，音声の内容に合う絵や英語を下の①～③のア～ウからそれぞれ1つずつ選び，[ ]に記号を書きなさい。

(1) アカリ　　　　　　　(2) ハルマ　　　　　　　(3) ジョシュ

① [　]　　　　① [　]　　　　① [　]
② [　]　　　　② [　]　　　　② [　]
③ [　]　　　　③ [　]　　　　③ [　]

① ア　　　　　　　　イ　　　　　　　　ウ

② ア　　　　　　　　イ　　　　　　　　ウ

③ ア　　　　　　　　イ　　　　　　　　ウ

| delicious | fun | exciting |

音声を聞いて解く問題はここまで。音声を1度止めなさい。

2 絵に合う文になるように，下の ☐ から1語ずつ選び，═══ に書きなさい。

(1) The spaghetti was ═══════════════════ .

(2) It was ═══════════════ .

(3) The sky was ═══════════════════ .

(4) We ═══════════════════ small.

| were | beautiful | rainy | delicious |

3 (1)は（　）内の指示にしたがって，═══ に文を書きかえなさい。(2)(3)は日本語に合う文になるように，[　　]の語を並べかえて，═══ に書きなさい。

(1) It is nice. (「すてきでした。」と過去の状態を表す文に)

(2) わたしは元気でした。
　　[was / I / fine / .]

(3) わたしたちは空腹でした。
　　[hungry / were / We / .]

学習日　月　日

要点まとめ

解答▶別冊P.14 🔊39

======にある英語をなぞって書きましょう。□□には意味を書きましょう。また，音声を聞きましょう。

何をしたいかたずねる・答える

⭐ **あなたは何をしたいですか。**

What do you want to watch?「あなたは何を見たいですか。」

— I want to watch rugby games.「わたしはラグビーの試合を見たいです。」

What do you want to watch?

— I want to watch rugby games.

ここをしっかり！ 文のつくり方

	〈だれが〉	〈動作を表す語〉	
たずねる文	What do you	want to watch	? あなたは何を見たい ですか。
答える文	I	want to watch	rugby games .

〈見たい内容〉

わたしはラグビーの試合を見たいです。

〈want to ＋動作を表す語〉で「～したい」という意味。

⭐ なかまの文

(1) want to study「～を勉強したい」

What do you want to study?

— I want to study math.

あなたは何を勉強したいですか。

— わたしは算数を ①　　　　　　　　　　です。

84

(2) want to eat「～を食べたい」

What <u>do</u> you want to eat?

— I want to <u>eat</u> curry and rice.

あなたは ② [   ] を食べたいですか。

— わたしはカレーライスを ③ [   ] です。

(3) want to see「～を見たい」

What do you want <u>to</u> see?

— I <u>want to see</u> dolphins.

あなたは何を ④ [   ] ですか。

— わたしは ⑤ [   ] を見たいです。

(4) want to join「～に参加したい［入りたい］」

<u>What club</u> do you want to join?

— I <u>want</u> to join the *kendo* club.

あなたは何部に参加したい［入りたい］ですか。

— わたしはけん道部に ⑥ [   ] です。

(5) want to enjoy「～を楽しみたい」

<u>What event</u> do you want to enjoy?

— I <u>want to enjoy</u> the music festival.

あなたはどんな行事を ⑦ [   ] ですか。

— わたしは ⑧ [   ] を楽しみたいです。

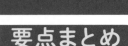

29 わたしは英語の先生になりたいです。

要点まとめ

解答▶別冊P.14　🔊 40

＿＿＿＿にある英語をなぞって書きましょう。□□には意味を書きましょう。また，音声を聞きましょう。

なりたい職業をたずねる・答える

⭐ **あなたは何になりたいですか。**

What do you want to be?「あなたは何になりたいですか。」

― I want to be an English teacher.「わたしは英語の先生になりたいです。」

What do you want to be?

― I want to be an English teacher.

ここをしっかり！　文のつくり方

〈だれが〉

たずねる文　| What | do | you |　| want to be | ?　あなたは何になりたいですか。

答える文　　| I |　| want to be | | an English teacher | .

〈なりたい職業〉

わたしは英語の先生になりたいです。

〈want to be ＋ a[an] ＋職業名〉で「～になりたい」という意味。

答える文では，何になりたいのかを具体的に言う。

⭐「～になりたい」を表す

(1) singer「歌手」

singing「歌うこと」，song「歌」，singer「歌手」

I always enjoy singing songs.

I want to <u>be</u> a <u>singer</u>.

わたしはいつも歌を歌うことを楽しみます。

わたしは歌手に ①　　　　　　　　　　　　　　 。

(2) vet「じゅう医」

I like animals.

I _want_ to _be_ a vet.

わたしは動物が好きです。わたしは ②⬚ 。

(3) pilot「パイロット」

I want to visit many countries.

I want _to be_ a pilot.

> visit「おとずれる」,
> many「たくさんの」,
> country「国」

わたしはたくさんの国をおとずれたいです。

わたしは ③⬚ 。

(4) figure skater「フィギュアスケート選手」

I _can_ skate well.

> skate「スケートをする」,
> skater「スケーター，スケート選手」

I _want to_ be a figure skater.

わたしはじょうずにスケートをすることが ④⬚ 。

わたしはフィギュアスケート選手になりたいです。

(5) musician「音楽家」

I like music.

I want _to be a musician_ .

わたしは音楽が好きです。

わたしは ⑤⬚ 。

**中学では
どうなる？**

●不定詞

want to watch ～, want to be ～などの〈to＋動詞のもとの形
[動詞の原形]〉を不定詞と言うよ。

I want to watch softball games.
「わたしはソフトボールの試合を見たいです。」

I want to be a pianist.
「わたしはピアニストになりたいです。」

学習日　　月　　日

要点まとめ

解答▶別冊P.14　🔊41

＝＝＝にある英語をなぞって書きましょう。□には意味を書きましょう。また，音声を聞きましょう。

注文をとる・注文をする

⭐ **何がよろしいですか。／〜をください。**

What would you like?「何がよろしいですか。」
— I'd like a hamburger.「ハンバーガーを1つください。」

What would you like?

— I'd like a hamburger.

I'd は I would と言うこともできる。

What do you want? や
I want 〜 . よりもていねいな表現。

値段をたずねる・答える

⭐ **いくらですか。**

How much is it?「いくらですか。」
— It's four hundred yen.「400円です。」

How much is it?

— It's four hundred yen.

How much is the orange juice?

— It's two dollars.

オレンジジュースは ①＿＿＿＿＿ ですか。

— ②＿＿＿＿＿ ドルです。

⭐ 店員と客のやりとり

店員：What ___would___ you like?

③ [＿＿＿＿＿] がよろしいですか。

客：___I'd___ like a sandwich ___and___ a salad.

サンドイッチとサラダを④ [＿＿＿＿＿＿＿＿＿＿]。

___How much___ is it?

⑤ [＿＿＿＿＿] ですか。

店員：The sandwich ___is___ 320 yen. The salad ___is___ 200 yen.

520 yen, ___please___ .

サンドイッチが320円です。サラダが200円です。520円お願いします。

客：OK. ___Here you are.___

はい。どうぞ。

> お金や物をわたすときの表現。

店員：___Thank you.___

⑥ [＿＿＿＿＿＿＿＿＿＿＿＿＿]。

---

1 次の会話文の(1)(2)の［　　　　］に，それぞれ適切な表現を下の［＿＿＿］のア～ウから１つずつ選び，記号を書きましょう。

Hello. 「いらっしゃいませ。」(1)［　　　　］「何がよろしいですか。」

I'd like two hamburgers.「ハンバーガーを２つください。」(2)［　　　　］「いくらですか。」

ア　How much?	イ　What would you like?
ウ　Here you are.	

31 博物館があります。

学習日

月　　　日

要点まとめ

解答▶別冊P.14　🔊 42

＿＿＿ にある英語をなぞって書きましょう。□には意味を書きましょう。また，音声を聞きましょう。

> **町や地域をしょうかいする表現**

⭐ **〜があります。／〜はありません。**

We have a museum.「博物館があります。」

We have a museum.

We don't have a zoo.「動物園はありません。」

We don't have a zoo.

⭐ **しょうかいの例**

(1) We have a nice Italian restaurant.

nice「すてきな」，restaurant「レストラン」

すてきなイタリアンレストランが ①＿＿＿＿＿＿＿＿＿。

The restaurant opens at eleven.

そのレストランは ②＿＿＿＿＿ に開店します。

We can eat good pasta.

おいしいパスタを ③＿＿＿＿＿＿＿。

(2) We have a big park near my school.

わたしの学校の近くに大きな ④＿＿＿＿＿＿＿＿＿。

We can have a barbecue in the park.

have a barbecue「バーベキューをする」

その公園でバーベキューをすることができます。

90

(3) I live in Canada.

わたしはカナダに ⑤ 　　　　　　　　　　　　　　　　　　　　　 。

In my country, you can see the aurora.

⑥ 　　　　　　　　　　　　　　　　　　　　 ，

| in my city「わたしの市では[に]」, |
| in my town「わたしの町では[に]」, |
| in my country |
| 「わたしの国では[に]」 |

オーロラを見ることができます。

(4) My favorite place is Lake Midori.

わたしの ⑦ 　　　　　　　　　　　　　　　　 は，ミドリ湖です。

In summer, we can enjoy swimming.

夏には，泳ぐことを ⑧ 　　　　　　　　　　　　　　 。

1 次の会話文の(1)〜(3)の [　　　] に，それぞれ適切な表現を下の ▢ のア〜ウから１つずつ選び，記号を書きましょう。

I'm Yuta.「わたしはユウタです。」
I like Japan.「わたしは日本が好きです。」
(1) [　　　]「美しい山や，おもしろいマンガがあります。」

(2) [　　　]「わたしは日本へ行きたいです。」
What food do you have in Japan?
「日本にはどんな食べ物がありますか。」

(3) [　　　]「すしがあります。」
It's delicious.「それはとてもおいしいです。」

ア	We have sushi.
イ	We have beautiful mountains and interesting *manga*.
ウ	I want to go to Japan.

完成テスト

解答・解説▶別冊 P.15 🔊 43

A 1 音声を聞いて，音声の内容に合う絵を１つずつ選び，記号に〇をつけなさい。

[1つ5点×4]

(1) ア sad　イ angry　ウ good

(2) ア こんにちは。　イ Hello.　ウ

(3) ア　イ　ウ

(4) ア　イ　ウ

音声を聞いて解く問題はここまで。音声を１度止めなさい。

2 (1)〜(4)の質問に合う答えを１つずつ選び，線でつなぎなさい。　　[1つ5点×4]

(1)

Who is this? •

ア

•　It's a stapler.

(2)

What time do you go to bed? •

イ

•　This is Ayaka. She is my sister.

(3)

When is your birthday? •

ウ

•　I go to bed at nine.

(4)

What is this? •

エ

2月
3日

•　It's February 3rd.

3 絵に合う文になるように，下の ☐ から１語ずつ選び，＝＝ に書きなさい。　　[1つ5点×4]

(1)

I ＿＿＿＿＿ swim.

(2)

I ＿＿＿＿＿ dance well.

(3)

I ＿＿＿＿＿ elephants.

(4)

I ＿＿＿＿＿ breakfast.

| ate | see | can | can't |

93

4 日本語に合う文になるように，[　　　]内の適当なほうの語句を○で囲みなさい。　[1つ5点×4]

(1) 2つ目の角で右へ曲がってください。

　　Turn [left / right] at the second corner.

(2) パンケーキをください。

　　[I'm / I'd] like pancakes.

(3) トランプをしよう。

　　[Play / Let's play] cards.

(4) わたしは先生になりたいです。

　　I [want to be / want] a teacher.

5 日本語に合う文になるように，[　　　]の語句を並べかえて，＝＝＝に書きなさい。　[1つ5点×4]

(1) わたしは空腹ではありません。

　　[am / hungry / not / I / .]

(2) かれはラグビー選手です。

　　[is / a rugby player / He / .]

(3) わたしたちはとても幸せでした。

　　[happy / We / very / were / .]

(4) かのじょはわたしのクラスメートです。

　　[She / classmate / my / is / .]

B 1 タロウさんの自己しょうかいの文を読んで，タロウさんになったつもりで，それぞれ [   ] 内からしょうかい文に合う応答の文を選び，＿＿＿に書きなさい。

[1つ25点×4]

Hello. I'm Taro. I'm good at soccer.
I always enjoy playing soccer.

I like animals. I have a dog.
I don't have a cat.

I live in Sakura City. We have a nice park.
In spring, we can see many flowers.
We don't have a beach.
I want to go to Okinawa.
Thank you.

(1) Are you Jiro?

[Yes, I am. / No, I'm not.]

(2) Can you play soccer?

[Yes, I can. / No, I can't.]

(3) Do you have a cat?

[Yes, I do. / No, I don't.]

(4) Where do you want to go?

[I want to go to Sakura City. / I want to go to Okinawa.]

中学校での英語学習に向けて特に大切な文をぬき出しています。

I'm Miku.	わたしはミクです。
My name is Abe Miku.	わたしの名前はアベミクです。
What animal do you like?	あなたは何の動物が好きですか。
— I like dogs.	— わたしはイヌが好きです。
I play soccer.	わたしはサッカーをします。
Do you play soccer?	あなたはサッカーをしますか。
— Yes, I do. / No, I don't.	— はい，します。 / いいえ，しません。
I don't play soccer.	わたしはサッカーをしません。
You are Kana.	あなたはカナです。
Are you Yui?	あなたはユイですか。
— Yes, I am. / No, I'm not.	— はい，そうです。 / いいえ，ちがいます。
I am not busy.	わたしはいそがしくありません。
This is Sana.	こちらはサナです。
That is Mr. Takagi.	あちらはタカギさん[先生]です 。
He is Yuta. / She is Mio.	かれはユウタです。 / かのじょはミオです。
Who is this?	こちらはだれですか。
— This is Kenta.	— こちらはケンタです。
What time do you go to bed?	あなたは何時にねますか。
— I go to bed at ten.	— わたしは10時にねます。
What is this?	これは何ですか。
— It's a peach.	— それはモモです。
What time is it?	何時ですか。
— It's 2 p.m.	— 午後2時です。
Where is my bag?	わたしのかばんはどこですか。
— It's on the chair.	— いすの上です。
How many? — Ten.	いくつですか。 — 10です。
I can play volleyball.	わたしはバレーボールをすることができます。
I can't play the guitar.	わたしはギターをひくことができません。
Can you run fast?	あなたは速く走ることができますか。
— Yes, I can. / No, I can't.	— はい，できます。 / いいえ，できません。
I enjoy playing games.	わたしはゲームをすることを楽しみます。
I enjoyed the party.	わたしはパーティーを楽しみました。
I went to Mito.	わたしは水戸へ行きました。
Did you enjoy the summer vacation?	あなたは夏休みを楽しみましたか。
— Yes, I did. / No, I didn't.	— はい，楽しみました。 / いいえ，楽しみませんでした。
The koala was cute.	コアラはかわいかったです。
You were great.	あなた(たち)はすばらしかったです。
I want to watch rugby games.	わたしはラグビーの試合を見たいです。

小学校の英語の
だいじなところが
しっかりわかる
ドリル

別冊 解答解説

旺文社

⭐1 アルファベット（大文字）

要点まとめ ────────── ▶本冊 P.9

1 ① B ② D ③ F

④ H ⑤ J ⑥ L

⑦ N ⑧ P ⑨ R

⑩ T ⑪ V ⑫ X

⑬ Z

⭐2 アルファベット（小文字）

要点まとめ ────────── ▶本冊 P.11

1 ① a ② c ③ e

④ g ⑤ i ⑥ k

⑦ m ⑧ o ⑨ q

⑩ s ⑪ u ⑫ w

⑬ y ⑭ z

⭐3 単語・文の書き方

要点まとめ ────────── ▶本冊 P.13

1 (4)（例）Hayashi Keisuke

⭐4 あいさつ

要点まとめ ────────── ▶本冊 P.15

①とても元気です ②元気です

③空腹です ④つかれています

⑤悲しいです ⑥ねむいです

⭐5 おたがいのことを知る

要点まとめ ────────── ▶本冊 P.17

①スポーツ ②テニス ③教科 ④算数

⭐6 わたしはサッカーをします。

要点まとめ ────────── ▶本冊 P.18

①します ②持っています

③好きです ④食べます

⑤楽しみます ⑥話します

⑦勉強します ⑧見えます

⑨ほしいです ⑩住んでいます

⑪行きます ⑫来ます

問題を解いてみよう！ ────────── ▶本冊 P.20

1 (1) ア (2) イ (3) ウ (4) ア (5) イ

🔊 07 (1) I play baseball.

(2) I have a ball.

(3) I want a cap.

(4) I like rice balls.

(5) I come to the park.

放送文の訳

(1) わたしは野球をします。

(2) わたしはボールを持っています。

(3) わたしはぼうしがほしいです。

(4) わたしはおにぎりが好きです。

(5) わたしは公園に来ます。

解説

(1) playのあとにスポーツの名前を続けて，「～をする」という意味になる。

(2) have「～を持っている」

(3) want「～がほしい」

(4) like「～が好きだ」，rice ball「おにぎり」

(5) come to ～「～に来る」，park「公園」

2 (1) study (2) live (3) go

(4) eat

解説

(1)「わたしは国語を勉強します。」という意味になるように，studyを入れる。

(2)「わたしはみどり市に住んでいます。」と

いう意味になるように, live を入れる。
〈live in ＋場所〉で「〜に住んでいる」という意味。

(3)「わたしは図書館に行きます。」という意味になるように, go を入れる。

(大切)〈go to ＋場所〉で「〜へ[に]行く」という意味。

(4)「わたしは朝食にパンを食べます。」という意味になるように, eat を入れる。
bread「パン」, for breakfast「朝食に」

3 (1) I enjoy tennis.

(2) I speak English.

(3) I like math.

(4) (例) I want a computer.

解説

(1)「わたしは〜を楽しみます。」は I enjoy 〜. で表す。tennis「テニス」

(2)「わたしは〜を話します。」は I speak 〜. で表す。English「英語」

(3)「わたしは〜が好きです。」は I like 〜. で表す。

(4)「わたしは〜がほしいです。」は I want 〜. で表す。want のあとにほしいものを続ける。解答例は「わたしはコンピューターがほしいです。」という意味。

⑦ あなたはサッカーをしますか。

要点まとめ ▶本冊 P.22

①好きですか ②好きです
③勉強しますか ④(勉強)します
⑤持っていますか ⑥持っていません
⑦食べません

問題を解いてみよう！ ▶本冊 P.24

1 (1) ア〇 イ× (2) ア× イ〇

(3) ア〇 イ× (4) ア〇 イ×

🔊09 (1) A: Do you play basketball, Ken?

B: Yes, I do.

A: Do you play tennis, too?

B: No, I don't. I don't play tennis.

(2) A: Ms. Ito, do you teach science?

B: No, I don't. I don't teach science.

A: Do you teach math?

B: Yes, I do.

(3) A: Do you drink milk, Jim?

B: Yes, I do.

A: Do you drink coffee?

B: No, I don't. I don't drink coffee.

(4) A: Do you have a cat, Emma?

B: Yes, I do.

A: Do you have a dog, too?

B: No, I don't. I don't have a dog.

放送文の訳

(1) A：あなたはバスケットボールをしますか, ケン。

B：はい, します。

A：あなたはテニスもしますか。

B：いいえ, しません。わたしはテニスはしません。

(2) A：イトウ先生, あなたは理科を教えますか。

B：いいえ, 教えません。わたしは理科を教えません。

A：あなたは算数を教えますか。

B：はい, 教えます。

(3) A：あなたは牛乳を飲みますか, ジム。

B：はい, 飲みます。

A：あなたはコーヒーを飲みますか。

B：いいえ，飲みません。わたしはコーヒーを飲みません。

(4) A：あなたはネコを飼っていますか，エマ。

B：はい，飼っています。

A：あなたはイヌも飼っていますか。

B：いいえ，飼っていません。わたしはイヌを飼っていません。

解説

（大切）Do you ～？「あなたは～しますか。」の質問に対し，Yesで答えていれば○，Noで答えていれば×を書く。

(1) basketball「バスケットボール」，tennis「テニス」

(2) teach「教える」，science「理科」，math「算数」

(3) drink「飲む」，milk「牛乳」，coffee「コーヒー」

(4) この会話でのhaveは「（動物を）飼っている」という意味。cat「ネコ」，dog「イヌ」

2 (1) Do, like, do

(2) you want, don't

(3) don't live　(4) don't play

解説

(1)(2)「あなたは～しますか。」は Do you のあとに動作を表す語を続けて表す。答えの文は Yes, I do. または No, I don't.

(3)(4)「わたしは～しません。」は I don't のあとに動作を表す語を続ける。

3 (1) Do you speak Japanese?

(2) Do you have a red cap?

解説

(1) Do you のあとに「日本語を話す」を意味する speak Japanese を続ける。

(2) Do you のあとに「赤いぼうしを持っている」を意味する have a red cap を続ける。

9 わたしは毎週月曜日に算数を勉強します。

要点まとめ　　　　　　　▶本冊 P.28

①火曜日　②水曜日　③木曜日

④金曜日

1 (1) 水　(2) 日　(3) 火　(4) 金

英文の訳

こんにちは。わたしはジムです。

わたしは毎週火曜日にバスケットボールをします。

わたしは毎週水曜日に公園に行きます。

わたしは毎週金曜日に日本語を勉強します。

わたしは毎週日曜日にふろをそうじします。

解説

(1) 3行目に I go to the park on Wednesdays.「わたしは毎週水曜日に公園に行きます。」とある。

(2) 5行目に I clean the bath on Sundays.「わたしは毎週日曜日にふろをそうじします。」とある。

(3) 2行目に I play basketball on Tuesdays.「わたしは毎週火曜日にバスケットボールをします。」とある。

(4) 4行目に I study Japanese on Fridays.「わたしは毎週金曜日に日本語を勉強します。」とある。

10 わたしはいつも7時にごみを出します。

要点まとめ　　　　　　　▶本冊 P.30

①いつも　②ふだん［たいてい］

③ときどき　④決して

1 (1) always　(2) sometimes

解説

(1)「いつも」always

（2）「ときどき」sometimes

11 英語を話しなさい。

要点まとめ ▶本冊 P.33

①走ってはいけません
②見ましょう

1 （1）Open the window.

（2）Don't close the door.

解説

（1）「～しなさい」は動作を表す語で文を始める。
（2）「～してはいけません」は Don't のあとに動作を表す語を続ける。

12 わたしはハルトです。

要点まとめ ▶本冊 P.34

①出身です　②得意です

問題を解いてみよう！ ▶本冊 P.36

1 （1）出身地：ア　得意なこと：オ
（2）出身地：ウ　得意なこと：エ

🔊 15 （1）Hi, I'm Sam. I'm from Australia. I'm good at swimming.
（2）Hello, I'm Julia. I'm from Brazil. I'm good at soccer.

放送文の訳
（1）こんにちは，わたしはサムです。わたしはオーストラリア出身です。わたしは水泳が得意です。
（2）こんにちは，わたしはジュリアです。わたしはブラジル出身です。わたしはサッカーが得意です。

解説

I am[I'm] from ～. で出身地を表す。I am[I'm] good at ～. で得意なことを表す。

（1）Australia「オーストラリア」, swimming「水泳」
（2）Brazil「ブラジル」, soccer「サッカー」

2 （1）I am　（2）I'm from
（3）good at

解説

（1）「わたしは～です。」は I am ～. で表す。
（2）「わたしは～出身です。」は I am from ～. で表す。ここでは2つ目の四線に from を入れるので，1つ目の四線には I am を1語で表す I'm を入れる。
（3）「わたしは～が得意です。」は I am[I'm] good at ～. で表す。

3 （1）I am Kota.
（2）You are Shiho.
（3）You are from France.

解説

（1）I am のあとに名前を続ける。
（2）You are のあとに名前を続ける。
（3）「あなたは～出身です。」は You are from ～. で表す。France「フランス」

13 あなたはユイですか。

要点まとめ ▶本冊 P.38

①11さいですか　②おこっていますか
③野球選手ですか
④イタリア出身ではありません
⑤先生ではありません

問題を解いてみよう！ ▶本冊 P.40

1 （1）ア○　イ×　（2）ア×　イ○
（3）ア×　イ○　（4）ア○　イ×

🔊 17 （1）A: Nancy, are you good at

skiing?

B: Yes, I am. I sometimes go skiing in winter.

A: Are you good at skating, too?

B: No, I'm not. I'm not good at skating.

(2) A: Are you from Egypt, Bob?

B: No, I'm not. I'm from Peru.

A: Are you a musician?

B: Yes, I am. I play the guitar.

(3) A: Are you sleepy, Jane?

B: No, I'm not. I'm not sleepy.

A: Are you hungry?

B: Yes, I am. Let's eat lunch.

(4) A: Are you good at running, Sam?

B: Yes, I am.

A: Are you a baseball player?

B: No, I'm not. I'm not a baseball player. I'm a soccer player.

放送文の訳

(1) A：ナンシー，あなたはスキーが得意ですか。

B：はい，得意です。わたしはときどき冬にスキーをしに行きます。

A：あなたはスケートも得意ですか。

B：いいえ，得意ではありません。わたしはスケートが得意ではありません。

(2) A：あなたはエジプト出身ですか，ボブ。

B：いいえ，ちがいます。わたしはペルー出身です。

A：あなたは音楽家ですか。

B：はい，そうです。わたしはギターを演奏します。

(3) A：あなたはねむいのですか，ジェーン。

B：いいえ，ねむくありません。わたしはねむくありません。

A：あなたは空腹ですか。

B：はい，空腹です。昼食を食べましょう。

(4) A：あなたは走ることが得意ですか，サム。

B：はい，得意です。

A：あなたは野球選手ですか。

B：いいえ，ちがいます。わたしは野球選手ではありません。わたしはサッカー選手です。

解 説

Are you ～?の質問に対してYes, I am.と答えているものには〇，No, I'm not.と答えているものには×を書く。

(1) skiing「スキー」とskating「スケート」が得意かどうかをたずねている。

(2) 出身地がEgypt「エジプト」か，職業がmusician「音楽家」かどうかをたずねている。

(3) sleepy「ねむい」かどうかと，hungry「空腹な」かどうかをたずねている。

(4) running「走ること」が得意かどうか，a baseball player「野球選手」かどうかをたずねている。

2 (1) Are you , I am

(2) Are you , I'm not

(3) I'm not

解 説

(1)「あなたは～ですか。」はAre you ～?で表す。Are you ～?の質問にYesで答えるときはI amを続ける。

(2) Are you ～?の質問にNoで答えるときはI am[I'm] notを続ける。

(3)「わたしは～ではありません。」はI am[I'm] not ～.で表す。

3 (1) 算数 (2) 体育 (3) テニス

英文の訳

カナ　：ジョン，あなたは算数が得意ですか。

ジョン：いいえ，得意ではありません。でも，わたしは体育が得意です。わたしはスポーツが好きです。

カナ　：わあ，わたしもスポーツが好きです。わたしはときどきテニスをします。

ジョン：わたしもテニスをします。あなたはじょうずなテニス選手ですか。

カナ　：はい，そうです。

解説

(1) カナが最初の発言で「あなたは算数が得意ですか。」と質問したのに対して，ジョンは「いいえ，得意ではありません。」と言っている。

(2) ジョンが最初の発言で「わたしは体育が得意です。」と言っている。

(3) ジョンが最後の発言で「あなたはじょうずなテニス選手ですか。」と質問したのに対して，カナが最後の発言で「はい，そうです。」と言っている。

⑭ こちらはサナです。

要点まとめ ▶本冊 P.42

①こちらは　②わたしの先生です

1 (1) This is Tom

(2) That is my umbrella

解説

(1) 近くにいる人をしょうかいするときは This is で文を始める。

(2) 遠くにあるものについて言うときは That is で文を始める。

⑮ それは赤いです。

要点まとめ ▶本冊 P.44

①黒色[黒い]です　②青色[青い]です

③茶色です　④緑(色)です

⑤ピンク(色)です　⑥むらさき(色)です

⑦白色[白い]です　⑧黄色です

⑨苦いです　⑩あまいです

⑪塩からいです　⑫すっぱいです

⑬からいです　⑭とてもおいしいです

⑮冷たい[寒い]です

⑯熱い[暑い，からい]です

⑯ かれはユウタです。

要点まとめ ▶本冊 P.46

①かれは　②かれは　③かのじょは

④かのじょは

1 (1) 友達　(2) イタリア　(3) 理科

(4) 活動的

解説

(1) 2文目参照。friend「友達」

(2) 3文目参照。Italy「イタリア」

(3) 4文目参照。science「理科」

(4) 5文目参照。active「活動的な」

⑰ こちらはだれですか。

要点まとめ ▶本冊 P.48

①だれですか　②あちらは

③だれですか　④かれは　⑤だれですか

⑥かのじょは　⑦ドッジボール選手

1 (1) タツヤ(さん)　(2) おじ(さん)

(3) バスケットボール選手

(4) おもしろい

解説

(1) コウタの発言の1文目参照。

(2) コウタの発言の2文目参照。my uncle「わたしのおじ(さん)」

(3) コウタの発言の3文目参照。basketball player「バスケットボール選手」

(4) コウタの発言の4文目参照。funny「おもしろい」

英文の訳

ルーシー：コウタ，あちらはだれですか。

コウタ：あちらはタツヤ(さん)です。かれはわたしのおじ(さん)です。かれはじょう

ずなバスケットボール選手です。かれ
はおもしろいです。

18 あなたは誕生日に何が ほしいですか。

要点まとめ ▶本冊 P.51

①何が　②体育　③算数　④何の教科
⑤英語　⑥音楽

問題を解いてみよう！ ▶本冊 P.52

1 (1) イ　(2) ア　(3) ウ　(4) イ

🔊 23 (1) Riku: Meg, your birthday is
　　　　September 3rd, right?
　　Meg: Yes.
　　Riku: What do you want for
　　　　your birthday?
　　Meg: I want a guitar.
　(2) Riku: What do you like?
　　Meg: I like sports.
　　Riku: What sport do you like?
　　Meg: I like table tennis.
　(3) Riku: What do you have on
　　　　Tuesdays?
　　Meg: I have music, science,
　　　　and English.
　　Riku: What subject do you
　　　　like?
　　Meg: I like math.
　(4) Riku: What time do you go to
　　　　bed?
　　Meg: I usually go to bed at
　　　　ten.

放送文の訳
(1) リク：メグ，あなたの誕生日は９月３日です
　　　　よね。
　メグ：はい。
　リク：あなたは誕生日に何がほしいですか。
　メグ：わたしはギターがほしいです。

(2) リク：あなたは何が好きですか。
　メグ：わたしはスポーツが好きです。
　リク：あなたは何のスポーツが好きですか。
　メグ：わたしはたっ球が好きです。
(3) リク：あなたは毎週火曜日に何があります
　　　　か。
　メグ：音楽・理科・英語があります。
　リク：あなたは何の教科が好きですか。
　メグ：わたしは算数が好きです。
(4) リク：あなたは何時にねますか。
　メグ：わたしはふだん10時にねます。

解説

(1) リクの２つ目の発言 What do you want
　for your birthday? に対する答えに注目
　する。
(2) リクの２つ目の質問 What sport do you
　like? に対する答えに注目する。table
　tennis「たっ球」
(3) リクの最初の質問 What do you have on
　Tuesdays? に対する答えに注目する。
　music「音楽」, science「理科」, English
　「英語」
(4) at ten「10時に」
(大切)「～時…分に」は at のあとに〈時＋分〉
　を表す数字を続ける。
　at ten twenty「10時20分に」

---

2 (1) What, study
　(2) What sport
　(3) What time, at

解説

(1)「あなたは何を～しますか。」は What do
　you のあとに動作を表す語を続ける。
　「勉強する」study
(2)「何のスポーツ」What sport
(3)「何時」What time。「～時に」は時刻を
　表す数の前に at を置く。

3 (1) What do you eat for

(2) What animal do you like?

(3) What time do you go to school?

解説

(1)「何を〜しますか。」は What do you の あとに動作を表す語（ここでは eat「食べる」）を続ける。for breakfast「朝食に」

(2)「何の動物」What animal で文を始め, do you like を続ける。

(3)「何時」What time で文を始め, do you go to school を続ける。

⑲ これは何ですか。

要点まとめ ▶本冊 P.54

①名前　②わたしの名前

③大好きな教科　④大好きな教科

⑤いちばんの思い出

⑥いちばんの思い出

問題を解いてみよう！ ▶本冊 P.56

1 (1) ア　(2) イ　(3) イ　(4) ウ

📢 25 (1) What's this? — It's a bird.

　　(2) What day is it?

　　　　— It's Sunday.

　　(3) What time is it? — It's ten.

　　(4) What's your favorite color?

　　　　— My favorite color is black.

放送文の訳

(1) これは何ですか。— それは鳥です。

(2) 何曜日ですか。— 日曜日です。

(3) 何時ですか。— 10時です。

(4) あなたの大好きな色は何ですか。

　　— わたしの大好きな色は黒です。

解説

(1) It's a bird. という応答から, アが合う。

(2) It's Sunday. という応答から, イが合う。

(3) It's ten. という応答から, イが合う。

(4) My favorite color is black. という応答から, ウが合う。color「色」

2 (1) It's　(2) What , is

解説

(1) What day is it?「何曜日ですか。」に対して「〜曜日です。」と言うときは〈It is [It's] ＋曜日.〉で答える。

(2)「わたしのいちばんの思い出は運動会です。」と答えたと考えられるので, 質問は「あなたのいちばんの思い出は何ですか。」という文にする。What「何」を入れる。

3 (1) What is this?

(2) It's an eraser.

(3) What is your favorite color?

(4)（例）My favorite color is blue.

解説

(1)「これは何ですか。」とたずねるときは, What is this? と言う。

(2)「それは〜です。」と答えるときは, It is [It's] 〜. と言う。

(3)「あなたの大好きな色は何ですか。」とたずねるときは, What is your favorite color? と言う。

(4)「わたしの大好きな色は〜です。」と言うときは, My favorite color is 〜. で表す。「〜」に色を表す語を入れる。

20 わたしのかばんはどこですか。

要点まとめ ──────────── ▶本冊 P.58

①そば　②中　③下

問題を解いてみよう！ ▶本冊 P.60

1 (1) ウ　(2) ウ　(3) ア　(4) ウ

🔊 27 (1) Where is my recorder?
　　　　 — It's under the chair.
　　(2) Where do you want to go?
　　　　 — I want to go to Australia.
　　(3) Why do you like Okinawa?
　　　　 — I like the beautiful sea.
　　(4) When is your birthday?
　　　　 — It's April 8th.

放送文の訳

(1) わたしのリコーダーはどこにありますか。
　 ── いすの下にあります。
(2) あなたはどこへ行きたいですか。
　 ── わたしはオーストラリアへ行きたいです。
(3) あなたはなぜ沖縄が好きなのですか。
　 ── わたしは美しい海が好きです。
(4) あなたの誕生日はいつですか。
　 ── ４月８日です。

解説

(1) It's under the chair. という応答から，
　 ウが合う。
(2) I want to go to Australia. という応答か
　 ら，ウが合う。
(3) I like the beautiful sea. という応答か
　 ら，アが合う。
(4) It's April 8th. という応答から，ウが合
　 う。
🔖大切 「～月…日」は月を表す語のあとに
　　　 「～番目」を表す語を続ける。

2 (1) <u>Where is</u>　(2) <u>When is</u>

解説

(1) on the bed「ベッドの上」と場所を答え
　 ているので，「あなたのネコはどこです
　 か。」とたずねる文を作る。Where is
　 ～?「～はどこですか。」
(2) It's July 7th.「７月７日です。」と日付
　 を答えているので，「七夕はいつです
　 か。」とたずねる文を作る。When is
　 ～?「～はいつですか。」

3 (1) イ　(2) エ　(3) ア　(4) ウ

解説

(1) 質問は「あなたはどこへ行きたいです
　 か。」という意味。イ「わたしは日本へ
　 行きたいです。」が合う。
(2) 質問は「なぜあなたは日本が好きなので
　 すか。」という意味。エ「わたしは日本
　 食が好きです。」が合う。
(3) 質問は「わたしの本はどこですか。」と
　 いう意味。ア「机の上です。」が合う。
(4) 質問は「あなたの修学旅行はいつです
　 か。」という意味。ウ「11月27日で
　 す。」が合う。

21 いくつですか。

要点まとめ ──────────── ▶本冊 P.63

①くもりです　②雨降りです
③雪です　　　④風が強いです

1 (1) <u>How many</u>　(2) <u>How old</u>

解説

(1) Three pencils.「３本(のえんぴつ)で
　 す。」と答えているので，「何本」と数を
　 たずねる文を作る。
🔖大切 How many「いくつ」で数をたずねる。
(2) I'm ten (years old).「10さいです。」と
　 答えているので，「何さいですか」と年
　 れいをたずねる文を作る。

22 わたしはバレーボールをすることができます。

要点まとめ ──────────── ▶本冊 P.65

1 (1) can　(2) can't

解説

(1)「～することができます」はcan ～で表す。make a cake「ケーキを作る」

(2)「～することができません」はcan't [cannot] ～で表す。cook curry「カレーを料理する」

問題を解いてみよう！ ▶本冊 P.66

1 (1) ア　(2) ウ　(3) イ　(4) ア

🔊 30 (1) I can play the piano.

(2) Can you play basketball?
— No, I can't.

(3) He can't run fast.

(4) Can she read Japanese?
—Yes, she can.

放送文の訳

(1) わたしはピアノをひくことができます。

(2) あなたはバスケットボールをすることができますか。— いいえ，できません。

(3) かれは速く走ることができません。

(4) かのじょは日本語を読むことができますか。
— はい，できます。

解説

(1) ピアノをひくことができると言っているので，アが合う。

(2) バスケットボールができないので，ウが合う。

(3) 速く走れないので，イが合う。

(4) 日本語を読むことができるので，アが合う。

2 (1) can eat　(2) Can

(3) Yes , can

解説

(1)「わたしはなっとうを食べることができます。」という文を作る。「食べることができます」はcan eatで表す。

(2)(3)「あなたは～することができますか。」はCan you ～?でたずねる。「はい，できます。」はYes, I can.で表す。

3 (1) You can see monkeys.

(2) He can't swim.

(3) (例) I can speak English.

解説

(1)「～することができます」と言うときは，canのあとに動作を表す語を続ける。see monkeys「サルを見る」。

(2)「～することができません」と言うときは，can'tのあとに動作を表す語を続ける。swim「泳ぐ」。

(3)「わたしは～することができます。」は，I can ～.と言う。解答例は「わたしは英語を話すことができます。」という意味。

23 博多駅はどこにありますか。

要点まとめ ──────────── ▶本冊 P.68

①まっすぐ　②右　③１つ目の角

④右側　　　⑤まっすぐ行って

⑥曲がって　⑦右　⑧右へ曲がって

⑨２ブロック　　　⑩左

24 わたしはゲームをすることを楽しみます。

要点まとめ ──────────── ▶本冊 P.70

①キャンプをすること

②ハイキングをすること

③トランプをすること　④本を読むこと

⑤買い物をすること　　⑥泳ぐこと

11

25 わたしはパーティーを楽しみました。

要点まとめ ▶本冊 P.72

①行きました　②見ました

1 (1) ate　(2) went

(3) enjoyed

問題を解いてみよう! ▶本冊 P.74

1 (1) イ　(2) ア　(3) ウ　(4) イ

🔊 34 (1) I enjoyed skating.

(2) I ate strawberries.

(3) I saw a spider.

(4) I went to Australia.

放送文の訳

(1) わたしはスケートをすることを楽しみました。

(2) わたしはイチゴを食べました。

(3) わたしはクモを見ました。

(4) わたしはオーストラリアへ行きました。

> **解説**
> (1) enjoyed skating からスケートをしているイが合う。
> (2) ate strawberries からアが合う。
> (3) saw a spider からウが合う。
> (4) went to Australia からイが合う。
>
> 大切 enjoyed「楽しんだ」, ate「食べた」, saw「見た」, went「行った」

2 (1) ate　(2) enjoyed

(3) went　(4) saw

> **解説**
> (1) ate「食べた」
> (2) enjoyed「楽しんだ」
> (3) went to ~「~へ行った」
> (4) saw「見た」

3 (1) ア

(2)（例）I enjoyed a movie.

英文の訳

こんにちは。わたしはコウセイです。

わたしのいちばんの思い出は遠足です。

わたしは長野へ行きました。

わたしは寺を楽しみました。

わたしはおにぎりを食べました。

> **解説**
> (1) enjoyed temples と ate rice balls から
> アが合う。
> (2) 解答例は「わたしは映画を楽しみました。」という意味。I enjoyed のあとに, 楽しんだことを表す語句を続ける。

26 あなたは夏休みを楽しみましたか。

問題を解いてみよう! ▶本冊 P.78

1 (1) ア　(2) ア　(3) ウ　(4) イ

🔊 36 (1) Did you see pandas?

— Yes, I did.

(2) Did you eat strawberries?

— No, I didn't.

(3) What did you enjoy?

— I enjoyed singing.

(4) I didn't have my cap.

放送文の訳

(1) あなたはパンダを見ましたか。— はい, 見ました。

(2) あなたはイチゴを食べましたか。— いいえ, 食べませんでした。

(3) あなたは何を楽しみましたか。— わたしは歌うことを楽しみました。

(4) わたしはわたしのぼうしを持っていませんでした。

> **解説**
> (1) Did you see pandas? に Yes で答えているので, アが合う。

(2) Did you eat strawberries? に No で答え
ているので，アが合う。

(3) enjoyed singing という応答から，ウが
合う。

(4) ぼうしを持っていなかったことを表すの
で，イが合う。

2 (1) Did，No　(2) What，saw

(3) didn't

解説

(1)「あなたは〜を楽しみましたか。」から，
Did you enjoy 〜? で表す。答えの文は，
didn'tがあるので，No, I didn't. となる
よう，No を入れる。

(2)「あなたは何を見ましたか。」とたずねる
ので，What did you 〜? の文にする。答
えの文では，see の過去形 saw を入れる。

(3)「しませんでした」から，I didn't play
〜. の文にする。

3 (1) Did you eat breakfast?

(2) Did you go to the
bookstore?

(3) What did you enjoy?

解説

(1)「〜しましたか」とたずねる文を作るに
は，Did を文の始めに置く。動作を表す
語 ate「食べた」はもとの形 eat にする。

(2)「あなたは書店へ行きましたか。」とたず
ねる文になるように，went はもとの形の
go にして，Did you のあとに go to「〜
へ行く」，the bookstore「書店」を置く。

(3)「あなたは何を楽しみましたか。」は
What を文の始めに置いて，did you
enjoy? を続ける。

27 コアラはかわいかったです。

要点まとめ ▶本冊 P.80

①大きかったです　②小さかったです

③長かったです　　④短かったです

⑤（とても）おいしかったです

⑥わくわくしました

問題を解いてみよう！ ▶本冊 P.82

1 (1) ①イ　②ア　③イ

(2) ①ウ　②ウ　③ア

(3) ①ア　②イ　③ウ

◀)) 38 (1) Hi, I'm Akari. I went to
Okinawa. I saw the
beautiful sea. It was fun.

(2) I'm Haruma. I went to
Hokkaido. I enjoyed eating.
I ate ice cream. It was
delicious.

(3) I'm Josh. I went to the park.
I enjoyed playing soccer. It
was exciting.

放送文の訳

(1)こんにちは，わたしはアカリです。わたしは
沖縄へ行きました。わたしは美しい海を見ま
した。楽しかったです。

(2)わたしはハルマです。わたしは北海道へ行き
ました。わたしは食べることを楽しみまし
た。わたしはアイスクリームを食べました。
それはとてもおいしかったです。

(3)わたしはジョシュです。わたしは公園へ行き
ました。わたしはサッカーをすることを楽し
みました。わくわくしました。

解説

(1)①は went to Okinawa からイ，②は
saw the beautiful sea からア，③は It
was fun. からイ。

(2)①は went to Hokkaido からウ，②は

ate ice cream からウ，③は It was delicious. からア。

(3) ①は went to the park からア，②は enjoyed playing soccer からイ，③は It was exciting. からウ。

2 (1) delicious   (2) rainy

(3) beautiful   (4) were

解説

(1) delicious「とてもおいしい」，「スパゲッティはとてもおいしかったです。」
(2) rainy「雨降りの」，「雨でした。」
(3) beautiful「美しい」，「空がきれいでした。」
(4)「小さかった」となるよう，were を入れる。「わたしたちは小さかったです。」

3 (1) It was nice.

(2) I was fine.

(3) We were hungry.

解説

(1)「（それは）～でした。」は It was ～. で表す。nice「すてきな」
(2)「わたしは～でした。」は I was ～. で表す。fine「元気な」
(3)「わたしたちは～でした。」は We were ～. で表す。hungry「空腹な」

28 わたしはラグビーの試合を見たいです。

要点まとめ ▶本冊 P.84

①勉強したい   ②何   ③食べたい
④見たい   ⑤イルカ
⑥参加したい［入りたい］
⑦楽しみたい   ⑧音楽祭

(大切) 〈want to ＋動作を表す語〉で「～したい」という意味。

29 わたしは英語の先生になりたいです。

要点まとめ ▶本冊 P.86

①なりたいです
②じゅう医になりたいです
③パイロットになりたいです
④できます   ⑤音楽家になりたいです

30 何がよろしいですか。

要点まとめ ▶本冊 P.88

①いくら   ②2   ③何
④ください   ⑤いくら
⑥ありがとうございます
1 (1) イ   (2) ア

解説

(1) ていねいに注文をとる表現は What would you like? なので，イを選ぶ。
(2) 値段をたずねる表現は How much? なので，アを選ぶ。

31 博物館があります。

要点まとめ ▶本冊 P.90

①あります   ②11時
③食べることができます
④公園があります   ⑤住んでいます
⑥わたしの国では   ⑦大好きな場所
⑧楽しむことができます
1 (1) イ   (2) ウ   (3) ア

解説

(1)「～があります。」は We have ～. で表す。「美しい山」は beautiful mountains，「おもしろいマンガ」は interesting *manga*。
(2)「～したいです。」は I want to ～. で表すので，ウを選ぶ。
(3) 直前で What food do you have in Japan?「日本にはどんな食べ物がありますか。」とたずねているので，食べ物

をしょうかいしているアを選ぶ。

完成テスト

▶本冊 P.92

A1 リスニング

おもな問題内容「調子はどうですか」「～しますか」「いくつですか」「何が～ですか」

(1) ウ　(2) イ　(3) ウ　(4) ア

🔊 43 (1) How are you?　— I'm good.

(2) Do you speak English?
　　— Yes, I do.

(3) How many potatoes?
　　— Three potatoes.

(4) What do you want for your birthday?
　　— I want a bicycle.

放送文の訳

(1) 調子はどうですか。— わたしは元気です。

(2) あなたは英語を話しますか。— はい，話します。

(3) ジャガイモは何個ですか。— ３個のジャガイモです。

(4) あなたは誕生日に何がほしいですか。— わたしは自転車がほしいです。

解説

(1) I'm good. からウが合う。
　　まちがえたら▶本冊 P.15

(2) Do you speak English?, Yes, I do. からイが合う。　まちがえたら▶本冊 P.22

(3) Three potatoes. からウが合う。
　　まちがえたら▶本冊 P.62

(4) want a bicycle からアが合う。
　　まちがえたら▶本冊 P.50

2 Who, What などを使った文

おもな問題内容「～はだれですか」「何時に～しますか」「～はいつですか」「～は何ですか」

(1) イ　(2) ウ　(3) エ　(4) ア

解説

(1) Who「だれ」。「こちらはだれですか。」とたずねる文なので，「こちらはアヤカです。かのじょはわたしの姉［妹］です。」と答えるイが合う。
　　まちがえたら▶本冊 P.48

(2) What time「何時」。「あなたは何時にねますか。」とたずねる文なので，「わたしは９時にねます。」と答えるウが合う。
　　まちがえたら▶本冊 P.51

(3) When「いつ」。「あなたの誕生日はいつですか。」とたずねる文なので，「２月３日です。」と答えるエが合う。
　　まちがえたら▶本冊 P.16

(4) What「何」。「これは何ですか。」とたずねる文なので，「それはホッチキスです。」と答えるアが合う。
　　まちがえたら▶本冊 P.54

3 can や ate を使った文

おもな問題内容「～することができます」「～することができません」「～します」「～しました」

(1) <u>can't</u>　(2) <u>can</u>　(3) <u>see</u>

(4) <u>ate</u>

解説

(1) 「わたしは泳ぐことができません。」という意味になるように，can't を入れる。「～できない」は〈can't[cannot] ＋動作を表す語〉で表す。
　　まちがえたら▶本冊 P.64

(2) 「わたしはじょうずにおどることができます。」という意味になるように，can を入れる。「～できる」は〈can ＋動作を

15

表す語〉で表す。
まちがえたら▶本冊 P.64

(3)「わたしはゾウを見ます[が見えます]。」という意味になるように，see を入れる。
まちがえたら▶本冊 P.19

(4)「わたしは朝ごはんを食べました。」という意味になるように，ate を入れる。
まちがえたら▶本冊 P.72

4 いろいろな表現

おもな問題内容 「右へ曲がってください」「～をください」「～しよう」「～になりたいです」

(1) right　(2) I'd　(3) Let's play

(4) want to be

解説

(1) Turn right.「右へ曲がってください。」
まちがえたら▶本冊 P.68

(2) 注文するときに「～をください。」と言うときは I'd like ～. で表す。
まちがえたら▶本冊 P.88

(3)「～しよう。」は Let's ～. で表す。
まちがえたら▶本冊 P.33

(4)「わたしは～になりたいです。」は I want to be ～. で表す。
まちがえたら▶本冊 P.86

5 am, are, is の文

おもな問題内容 「～ではありません」「かれ[かのじょ]は～です」「～でした」

(1) I am not hungry.

(2) He is a rugby player.

(3) We were very happy.

(4) She is my classmate.

解説

(1)「わたしは～ではありません。」は I am [I'm] not ～. で表す。

まちがえたら▶本冊 P.39

(2)「かれは～です。」は He is ～. で表す。
まちがえたら▶本冊 P.46

(3)「わたしたちは～でした。」は We were ～. で表す。
まちがえたら▶本冊 P.80

(4)「かのじょは～です。」は She is ～. で表す。
まちがえたら▶本冊 P.46

B 1 読み取り

おもな問題内容 「あなたは～ですか」「～することができますか」「～しますか」「どこへ～ですか」

(1) No, I'm not.

(2) Yes, I can.

(3) No, I don't.

(4) I want to go to Okinawa.

英文の訳

こんにちは。わたしはタロウです。わたしはサッカーが得意です。

わたしはいつもサッカーをすることを楽しみます。

わたしは動物が好きです。わたしはイヌを飼っています。

わたしはネコを飼っていません。

わたしはさくら市に住んでいます。すてきな公園があります。

春には，たくさんの花を見ることができます。

海辺はありません。

わたしは沖縄へ行きたいです。

ありがとうございました。

解説

(1) 質問は「あなたはジロウですか。」という意味。英文 1 行目に I'm Taro.「わたしはタロウです。」とあるので，No で答える。
まちがえたら▶本冊 P.38

(2) 質問は「あなたはサッカーをすることができますか。」という意味。英文 1 ～ 2

行目に I'm good at soccer. I always enjoy playing soccer. とあり, タロウはサッカーをすることができると考えられるので, Yes で答える。

まちがえたら▶本冊 P.64

(3) 質問は「あなたはネコを飼っていますか。」という意味。英文4行目に I don't have a cat. とあるので, No で答える。

まちがえたら▶本冊 P.22

(4) 質問は「あなたはどこへ行きたいですか。」という意味。英文8行目に I want to go to Okinawa. とある。

まちがえたら▶本冊 P.59

単語リスト

動物　animal

アヒル	duck
アリ	ant
イヌ	dog
イルカ	dolphin
ウサギ	rabbit
ウシ	cow
馬	horse
ウミガメ	sea turtle
エビ	shrimp
カエル	frog
カバ	hippopotamus
カブトムシ	beetle
カメ	tortoise
カンガルー	kangaroo
キツネ	fox
キリン	giraffe
クジャク	peacock
クジラ	whale
クマ	bear
クモ	spider
クラゲ	jellyfish
コアラ	koala
ゴリラ	gorilla
魚	fish
サメ	shark
サル	monkey
シマウマ	zebra
ゾウ	elephant
タカ	hawk
タヌキ	raccoon dog
チョウ	butterfly
ツバメ	swallow
トラ	tiger
鳥	bird
トンボ	dragonfly

ニワトリ	chicken
ネコ	cat
ネズミ	mouse
バッタ	grasshopper
パンダ	panda
ヒツジ	sheep
フクロウ	owl
ブタ	pig
ヘビ	snake
ペンギン	penguin
虫	bug
ライオン	lion
ラクダ	camel
ロバ	donkey
ワシ	eagle

スポーツ　sport

アーチェリー	archery
アイスホッケー	ice hockey
カヌー	canoe
クリケット	cricket
ゴルフ	golf
サーフィン	surfing
サッカー	soccer
水泳	swimming
スキー	skiing
スケート	skating
スポーツクライミング	sport climbing
ソフトボール	softball
体操競技	gymnastics
卓球（たっきゅう）	table tennis
テニス	tennis
徒競走	run
ドッジボール	dodgeball
トライアスロン	triathlon
バスケットボール	basketball
バドミントン	badminton
バレーボール	volleyball

フィギュアスケート	figure skating
フェンシング	fencing
ボクシング	boxing
マラソン	marathon
野球	baseball
ラグビー	rugby
ランニング	running
陸上競技	track and field
レスリング	wrestling

教科　subject	
英語	English
音楽	music
家庭科	home economics
国語	Japanese
算数[数学]	math
社会科	social studies
書写	calligraphy
図画工作	arts and crafts
体育	P.E.
道徳	moral education
美術	art
理科	science

食べ物・飲み物　food・drink	
アイスクリーム	ice cream
アップルパイ	apple pie
おにぎり	rice ball
オムレツ	omelet
かき氷	shaved ice
菓子（かし）	snack
カレーライス	curry and rice
キャンディー	candy
牛乳	milk
ギョウザ	dumpling
ケーキ	cake
紅茶	tea
コーヒー	coffee

コーンスープ	corn soup
ご飯	rice
サラダ	salad
サンドイッチ	sandwich
ジャム	jam
ジュース	juice
スープ	soup
ステーキ	steak
スパゲッティ	spaghetti
ソーセージ	sausage
ソーダ	soda
卵	egg
チーズバーガー	cheeseburger
茶	tea
チョコレート	chocolate
デザート	dessert
ドーナツ	donut
肉	meat
パイ	pie
はちみつ	honey
パフェ	parfait
パン	bread
パンケーキ	pancake
ハンバーガー	hamburger
ハンバーグステーキ	hamburg steak
ビーフステーキ	beefsteak
ピザ	pizza
フィッシュアンドチップス	fish and chips
フライドチキン	fried chicken
フライドポテト	French fries
プリン	pudding
ベーコン	bacon
ホットドッグ	hot dog
ポップコーン	popcorn
ポテトサラダ	potato salad
ホワイトチョコレート	white chocolate
水	water
みそしる	miso soup

ミネラルウォーター	mineral water
めん	noodles
もち	rice cake
焼き魚	grilled fish
ゆで野菜	boiled vegetable
ヨーグルト	yogurt
ラッシー	lassi
緑茶	green tea
和食	Japanese food
わたあめ	cotton candy

果物・野菜　fruit・vegetable	
アスパラガス	asparagus
イチゴ	strawberry
オレンジ	orange
カボチャ	pumpkin
キウイフルーツ	kiwi fruit
キャベツ	cabbage
キュウリ	cucumber
グレープフルーツ	grapefruit
小麦	wheat
サクランボ	cherry
サツマイモ	sweet potato
ジャガイモ	potato
スイカ	watermelon
セロリ	celery
大根	Japanese radish
大豆	soybean
玉ねぎ	onion
トウモロコシ	corn
トマト	tomato
ナシ	pear
ナス	eggplant
ナッツ	nut
ニンジン	carrot
パイナップル	pineapple
バナナ	banana
ピーナッツ	peanut

ピーマン	green pepper
ブドウ	grape
ブロッコリー	broccoli
ホウレンソウ	spinach
マッシュルーム	mushroom
豆	bean
マンゴー	mango
メロン	melon
モモ	peach
リンゴ	apple
レタス	lettuce
レモン	lemon

季節　season	
春	spring
夏	summer
秋	fall[autumn]
冬	winter

時間　time	
朝	morning
午後	afternoon
夕方	evening
夜	night

数　number	
0	zero
1	one
2	two
3	three
4	four
5	five
6	six
7	seven
8	eight
9	nine
10	ten
11	eleven

12	twelve		11日	eleventh
13	thirteen		12日	twelfth
14	fourteen		13日	thirteenth
15	fifteen		14日	fourteenth
16	sixteen		15日	fifteenth
17	seventeen		16日	sixteenth
18	eighteen		17日	seventeenth
19	nineteen		18日	eighteenth
20	twenty		19日	nineteenth
21	twenty-one		20日	twentieth
22	twenty-two		21日	twenty-first
23	twenty-three		22日	twenty-second
24	twenty-four		23日	twenty-third
25	twenty-five		24日	twenty-fourth
26	twenty-six		25日	twenty-fifth
27	twenty-seven		26日	twenty-sixth
28	twenty-eight		27日	twenty-seventh
29	twenty-nine		28日	twenty-eighth
30	thirty		29日	twenty-ninth
40	forty		30日	thirtieth
50	fifty		31日	thirty-first
60	sixty			
70	seventy			
80	eighty			
90	ninety			
100	hundred			

日付　date	
1日	first
2日	second
3日	third
4日	fourth
5日	fifth
6日	sixth
7日	seventh
8日	eighth
9日	ninth
10日	tenth

身の回りのもの	personal belongings
あみ	net
いす	chair
インク	ink
うで時計	watch
絵［写真］	picture
えんぴつ	pencil
えんぴつけずり	pencil sharpener
カード	card
かぎ	key
かご	basket
かさ	umbrella
カスタネット	castanets
カップ	cup
かばん	bag
カメラ	camera

カレンダー	calendar	ハンカチ	handkerchief
ギター	guitar	ピアノ	piano
教科書	textbook	ビニール袋（ぶくろ）	plastic bag
車いす	wheelchair	フォーク	fork
クレヨン	crayon	筆箱	pencil case
グローブ	glove	文房具（ぶんぼうぐ）	stationery
消しゴム	eraser	ベッド	bed
コンピューター	computer	ペン	pen
サッカーボール	soccer ball	ボール	ball
皿	dish	ホッチキス	stapler
シール	sticker	本	book
定規	ruler	マーカー	marker
新聞紙	newspaper	マグネット	magnet
水筒（すいとう）	water bottle	マット	mat
スケッチブック	sketchbook	窓	window
スティックのり	glue stick	マンガ本	comic book
スプーン	spoon	麦わらぼうし	straw hat
ソファー	sofa	木琴（もっきん）	xylophone
宝物	treasure	ラケット	racket
地図	map	リコーダー	recorder
通学かばん	school bag	ロープ	rope
机	desk		

テーブル	table	学校行事	school event
テレビ	TV	運動会	sports day
テレビゲーム	video game	遠足	field trip
電話	telephone	音楽会	music festival
ドア	door	学芸会	drama festival
時計	clock	合唱コンテスト	chorus contest
トライアングル	triangle	修学旅行	school trip
縄とび	jump rope	消防訓練	fire drill
ノート	notebook	水泳大会	swimming meet
のり	glue	スピーチコンテスト	speech contest
ハーモニカ	harmonica	卒業式	graduation ceremony
バイオリン	violin	夏のキャンプ	summer camp
バケツ	bucket	夏休み	summer vacation
箱	box	入学式	entrance ceremony
はさみ	scissors	学園祭	school festival
バット	bat	ボランティアの日	volunteer day

動作　action	
会う	meet
集める	collect
洗う	wash
歩く	walk
言う	say
行く	go
歌う	sing
運転する	drive
えさをやる	feed
置く	put
教える	teach
おとずれる	visit
おどる	dance
泳ぐ	swim
買い物をする	go shopping
買う	buy
（絵などを）かく	draw
書く	write
考える	think
聞く	listen
切る	cut
着る	wear
来る	come
ける	kick
さわる	touch
参加する[入る]	join
自転車に乗る	ride a bicycle
好きである	like
スケートをする	skate
住む	live
座る（すわる）	sit
そうじをする	clean
想像する	imagine
楽しむ	enjoy
食べる	eat
ためす	try
捕まえる（つかまえる）	catch

作る	make
つづる	spell
手伝う	help
動物園に行く	go to the zoo
閉じる	close
飛びこむ	dive
（ぴょんと）とぶ	jump
飛ぶ	fly
止まる	stop
とる	get
のぼる	climb
飲む	drink
乗る	ride
ハイキングに行く	go hiking
走る	run
話す	speak, talk
パンダを見る	see pandas
パンを焼く	bake bread
ピクニックに行く	go on a picnic
ぴょんぴょんとぶ	hop
勉強する	study
ほしい	want
待つ	wait
水をやる	water
見る	look, watch
向きを変える	turn
持っている	have
焼く	bake
読む	read
料理する	cook
旅行をする	travel
練習する	practice

のびしろチャート

完成テストの結果から，きみの得意分野とのびしろがわかるよ。
中学校に入ってからの勉強に役立てよう。

のびしろチャートの作り方・使い方

①大問ごとに正答できた問題数を点●でかきこもう。
②すべての大問に点●をかきこめたら，順番に線でつないでみよう。

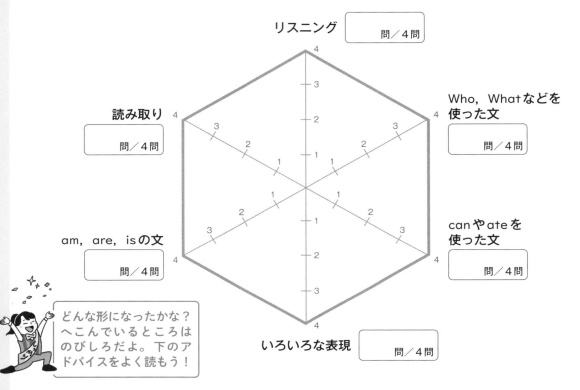

リスニング 　問／4問

Who, What などを使った文 　問／4問

読み取り 　問／4問

am, are, is の文 　問／4問

can や ate を使った文 　問／4問

いろいろな表現 　問／4問

どんな形になったかな？
へこんでいるところは
のびしろだよ。下のア
ドバイスをよく読もう！

中学校に入る前にしっかりわかる！ ▶ アドバイス

分　野		問　題	アドバイス
リスニング	A	P.92 **1**	問題の絵からたずねられる内容を予想しよう。Do, How many, What など文の最初を聞きのがさないようにしよう。
Who, What などを使った文		P.93 **2**	Who, What time, When などでたずねる文には，Yes / No ではなく，具体的な内容を答えよう。
can や ate を使った文		P.93 **3**	中学校では can の仲間の語を学習します。eat の過去形 ate など動作を表す語は１つずつ覚えよう。
いろいろな表現		P.94 **4**	道案内の表現の Turn right［left］.や，買い物の表現の I'd like ～.などはまとめて覚えよう。
am, are, is の文		P.94 **5**	I am ～.のような am, are, is を使う文と過去の状態を言う was, were を使う文のちがいに注意しよう。
読み取り	B	P.95 **1**	英語の文章の読み取り問題では，問われているところが文章のどこに書かれているのかを確認しながら答えよう。